# ANNALES DU BAC 1987

*français*

**VUIBERT**

ISBN : 2-7117 - 2732-7

ÊTRE EN FORME, SE CONNAÎTRE,
ORGANISER SON TEMPS,
PRENDRE DES NOTES,
MOBILISER SES IDÉES.

BÂTIR UN PLAN,
FAIRE UNE DISSERTATION,
UN COMMENTAIRE COMPOSÉ,
UNE CONTRACTION DE TEXTE.

DEVELOPPER SA MEMOIRE,
LIRE EFFICACEMENT,
PREPARER UN EXPOSÉ,
CONDUIRE UN DÉBAT.

## affronter un examen avec

▼

# LES MÉTHODES DE TRAVAIL

### de l'élève et de l'étudiant

R. DUBREUIL

# VUIBERT

# Avant-Propos

Afin de faciliter le travail des élèves et des professeurs, nous avons enrichi ce recueil de deux index.

*L'index des auteurs* permet de constater, par la mise en évidence de la fréquence des noms cités, l'extrême variété, quant à l'origine, sinon au thème, des sources dans lesquelles ont puisé les auteurs de sujets. On peut donc en conclure qu'au-delà de la notion d'auteur, c'est plutôt le thème abordé qui importe.

C'est pourquoi *l'index des thèmes* est plus révélateur de la vraie nature de l'épreuve.

Nous l'avons établi en ne prenant en compte que les textes où ces thèmes présentent une certaine consistance.

Son utilisation doit faciliter la réflexion de l'élève en lui offrant, sur un thème donné, une certaine matière pour son travail.

On remarquera en effet que les notions citées sont parfois proposées directement à la réflexion des candidats, que d'autres fois elles apparaissent au travers de textes d'auteurs très divers (écrivains, sociologues, journalistes) qui leur donnent un éclairage subjectif susceptible d'apporter un début de réflexion.

On pourra donc utiliser cet index pour une recherche sur un thème donné — par un mot clef, son contraire et les termes voisins — dans des textes variés dont la qualité principale est d'être tous des textes réellement donnés au baccalauréat.

A tous, bon courage et bonne chance !

La Librairie Vuibert.

# le BAC VUIBERT

**CONTRACTION DE TEXTES**
F. FINNISS

Des conseils de méthode détaillés pour les différentes parties de l'épreuve : la contraction, le vocabulaire et la discussion. Des règles à observer et les erreurs à éviter pour s'entraîner à réaliser une copie de bon niveau.

## LE BAC EN POCHE

**DES RÉSUMÉS DE COURS CLAIRS ET PRÉCIS POUR UNE MÉMORISATION FACILE DES NOTIONS ESSENTIELLES DU PROGRAMME.**

# Sommaire

*Index des auteurs* .................................. 7
*Index thématique* .................................. 9

## Session de juin 1987

| | |
|---|---|
| Aix-Marseille ................................ | 15 |
| Lille ........................................ | 20 |
| Montpellier .................................. | 24 |
| Nancy-Metz ................................... | 29 |
| Nantes ....................................... | 33 |
| Nice ......................................... | 37 |
| Paris-Créteil-Versailles ..................... | 42 |
| Toulouse ..................................... | 46 |
| Antilles-Guyane .............................. | 50 |
| Polynésie française .......................... | 54 |
| Abu Dhabi .................................... | 58 |
| Amérique du Nord ............................. | 62 |
| Amérique du Sud-Espagne ...................... | 66 |
| Canberra ..................................... | 70 |

## Session de septembre 1986

| | |
|---|---|
| Aix-Marseille ................................ | 77 |
| Lille ........................................ | 83 |
| Montpellier .................................. | 88 |
| Nice ......................................... | 92 |
| Paris-Créteil-Versailles ..................... | 96 |
| Antilles-Guyane .............................. | 101 |
| La Réunion ................................... | 105 |
| Polynésie française .......................... | 110 |
| Amérique du Sud .............................. | 113 |

# EXO
## VUIBERT

«Le Baccalauréat se prépare en 2 ans»

- **POUR LES CLASSES DE PREMIERE**
  Mathématiques, 1re A, B.
  Mathématiques, 1re S, E.
  Physique-Chimie, 1re S, E.
- **POUR LES TERMINALES**
  Mathématiques, Term. C, E
  Mathématiques, Term. D
  Physique-Chimie, Term. C, E
  Physique-Chimie, Term. D
- **POUR LE BACCALAURÉAT TECHNOLOGIQUE**
  Mathématiques, Term. G.

EXOPOCHE
DES OUVRAGES POUR TRAVAILLER SEUL
ET PROGRESSER EFFICACEMENT

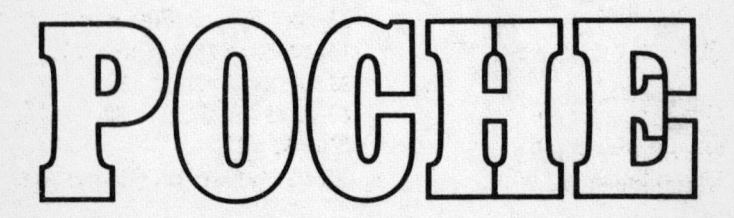

# POCHE

# Index des auteurs

ALAIN : 41.
ARAGON (Louis) : 94.

BARTHES (Roland) : 113.
BERNARDIN DE SAINT-PIERRE (Henri) : 108.
BIONDI (Jean-Pierre) : 77.
BRIANES (Jean) : 86.

CADOU (René-Guy) : 112.
CAMUS (Albert) : 87.
CAZENEUVE (Jean) : 42.
CHATEAUBRIAND : 15, 32.
CHEVALLIER (Gabriel) : 33.
COHEN (Albert) : 69.
COLOMBANI (Christian) : 66.

DUFRENNE (Mikel) : 58.
DUQUESNE (Jacques) : 110.
DURAS (Marguerite) : 99, 116.

FLAUBERT (Gustave) : 80.

GIONO (Jean) : 40.
GRACQ (Julien) : 65.
GROS (Bernard) : 54.

GRUMBACH (Jean-Claude) : 75.
GUICHARD-MEILI (Jean) : 24.
GUITTON (Jean) : 20, 70.

HEREDIA DE (José-Maria) : 104.
HUGO (Victor) : 81, 100.

IMBERT (Claude) : 71.
JACOTTET (Philippe) : 36.
JAKEZ-HELIAZ (Pierre) : 50.
JOUVENEL DE (Bertrand) : 46.

KUNDERA (Milan) : 23.

LABE (Louise) : 44.
LACARRIERE (Jacques) : 101.
LAFORGUE (Jules) : 90.
LEPAPE (P.) : 28.

MAGNY (Claude-Edmonde) : 50.
MAUPASSANT DE (Guy) : 57.
MAUROIS (André) : 117.
MESTIRI (Ezzedine) : 88.
MILOSZ : 27.
MONTHERLANT DE (Henry) : 22.

## Index des auteurs

ONIMUS (Jean) : 96.

PROST (Antoine) : 96.
PROUST (Marcel) : 49.

RUDEL (Yves-Marie) : 33.

SCHUWER (Camille) : 54.
SCHWARZ-BART (Simone) : 53.
SENANCOUR : 61.
SERANT (Paul) : 92.
SOUSTELLE (Jacques) : 37.

STENDHAL : 109.
SUPERVIELLE (Jules) : 18.

THIBAUDET (Albert) : 66.
TOURNIER (Michel) : 84.

VALERY (Paul) : 62, 105.
VALLES (Jules) : 73.
VANDERMEERSCH (Edmond) : 29.
VASARELY (Victor) : 105.
VOLTAIRE : 91.

WILDE (Oscar) : 62.

# Index thématique

### A

Amitié : 22.
Amour : 18, 44, 69, 94, 99, 108.
Art : 24, 37, 54, 62, 75, 87, 100, 113.
Astrologie : 113.
Autobiographie : 28, 70, 73, 94, 99.
Automne : 27, 90.
Aventure : 66, 101.

### B

Bonheur : 42, 69, 94.

### C

Chat : 90.
Civilisation : 37.
Critique littéraire : 41.
Communication : 20, 84.
Confiance : 46.
Conformisme : 42, 45, 110, 114.
Conservatisme : 33, 110.
Consommation : 29, 71.
Contestation : 50, 116.
Corail : 104.
Culture : 54.

### D

Description : 36, 40, 61, 80.
Diplôme : 62.

### E

Ecrivain : 70.
Education : 46, 62, 73, 96, 116.
Excellence : 29.
Expérience : 20, 54, 117.

### F

Femme : 32, 94.
Folklore : 50, 53, 113.
Francophonie : 77.

# Index thématique

## I

Image : 24.
Immoralité : 62.

## J

Jeu : 54.
Jeunesse : 71, 108, 110.

## L

Lecture : 20, 33, 41, 54, 66, 117.

## M

Malheur : 18, 44.
Marginalité : 45, 53, 86, 99.
Marseille : 80.
Mathématiques : 15, 96.
Mère : 69.
Mission (de l'art, de l'artiste) : 87, 100.
Mode : 50, 58.
Montagne : 61.
Morale : 62.
Mort : 18, 105, 112.
Musique : 53, 116.

## N

Nature : 40, 86.
Nomadisme : 101.

## O

Origines (recherche des) : 18, 23, 92.

## P

Passé : 23, 33, 71, 92.
Personnage (de roman) : 33, 81.
Poésie : 96.
Portrait (de personnage) : 53, 57, 69, 73, 99, 108, 116.
Progrès : 37.
Public : 105.

## R

Réalité : 37, 54, 70, 81, 100, 109.
Relecture : 20, 50.
Rivière : 65.
Robinson : 83.
Roman : 23, 33, 37, 58, 66, 109.

## S

Sciences : 15.
Sédentaire : 101.
Sélection : 96.
Sensibilité : 91.
Société : 42, 45, 46, 50,

## Index thématique

58, 62, 66, 71, 105, 110.
Solitude : 69, 84.
Sommeil : 49.
Sordide : 75.
Souvenir : 27, 32, 65, 69.
Sport : 22.
Sublime : 75, 91.


### T

Technique : 37.

Temps : 27, 58.
Tradition : 33, 50, 92.
Tragédie : 91.
Tristesse : 27, 69, 87.
Tourisme : 26, 88, 102.


### V

Vitesse : 29.
Voyage : 18, 65, 66, 80.

# EXO VUIBERT

«Le Baccalauréat se prépare en 2 ans»

- **POUR LES CLASSES DE PREMIERE**
  Mathématiques, 1re A, B.
  Mathématiques, 1re S, E.
  Physique-Chimie, 1re S, E.

- **POUR LES TERMINALES**
  Mathématiques, Term. C, E
  Mathématiques, Term. D
  Physique-Chimie, Term. C, E
  Physique-Chimie, Term. D

- **POUR LE BACCALAURÉAT TECHNOLOGIQUE**
  Mathématiques, Term. G.

## EXOPOCHE
### DES OUVRAGES POUR TRAVAILLER SEUL ET PROGRESSER EFFICACEMENT

# POCHE

# Groupements interacadémiques

**Groupement interacadémique I**

Amiens - Lille - Rouen - Paris/Créteil/Versailles.

*Académies pilotes*  
Paris/Créteil/Versailles  
Lille

*Académies rattachées*  
Aucune  
Amiens, Rouen.

**Groupement interacadémique II**

Bordeaux - Caen - Clermont-Ferrand - Limoges - Nantes - Orléans/Tours - Poitiers - Rennes.

*Académie pilote*  
Nantes

*Académies rattachées*  
Toutes les autres.

**Groupement interacadémique III**

Besançon - Dijon - Grenoble - Lyon - Nancy/Metz - Reims - Strasbourg.

*Académies pilotes*  
Nancy/Metz

*Académies rattachées*  
Toutes les autres.

**Groupement interacadémique IV**

Aix/Marseille - Corse - Montpellier - Nice - Toulouse.

*Académies pilotes*  
Aix/Marseille  
Montpellier  
Nice/Corse  
Toulouse

*Académies rattachées*  
Aucune  
Aucune  
Aucune  
Aucune

Les sujets suivis d'un astérisque sont contenus, avec leur corrigé, dans les *Annales corrigées 1987,* n° 33.

# SESSION
# JUIN 87

## Sujets communs

### AIX-MARSEILLE

■ **1ᵉʳ sujet** *

Les esprits géométriques[1] sont souvent faux dans le train ordinaire de la vie ; mais cela vient même de leur extrême justesse. Ils veulent trouver partout des vérités absolues, tandis qu'en morale et en politique les vérités sont relatives. Il est rigoureusement vrai que deux et deux font quatre ; mais il n'est pas de la même évidence qu'une bonne loi à Athènes soit une bonne loi à Paris. Il est de fait que la liberté est une chose excellente : d'après cela, faut-il verser des torrents de sang pour l'établir chez un peuple, en tel degré que ce peuple ne la comporte pas ?

En mathématiques on ne doit regarder que le principe, en morale que la conséquence. L'une est une vérité simple, l'autre une vérité complexe. D'ailleurs, rien ne dérange le compas du géomètre, et tout dérange le cœur du philosophe. Quand l'instrument du second sera aussi sûr que celui du premier, nous pourrons espérer de connaître le fond des choses : jusque-là il faut compter sur des erreurs.

---

1. « Esprits géométriques » : comprenez mathématiciens, esprits scientifiques...

Celui qui voudrait porter la rigidité géométrique dans les rapports sociaux, deviendrait le plus stupide ou le plus méchant des hommes.

Les mathématiques, d'ailleurs, loin de prouver l'étendue de l'esprit dans la plupart des hommes qui les emploient, doivent être considérées, au contraire, comme l'appui de leur faiblesse, comme le supplément de leur insuffisante capacité, comme une méthode d'abréviation propre à classer des résultats dans une tête incapable d'y arriver d'elle-même. Elles ne sont en effet que des signes généraux d'idées qui nous épargnent la peine d'en avoir, des étiquettes numériques d'un trésor que l'on n'a pas compté, des instruments avec lesquels on opère, et non les choses sur lesquelles on agit. Supposons qu'une pensée soit représentée par A et une autre par B : quelle prodigieuse différence n'y aurait-il pas entre l'homme qui développera ces deux pensées, dans leurs divers rapports moraux, politiques et religieux, et l'homme qui, la plume à la main, multipliera patiemment son A et son B en trouvant des combinaisons curieuses, mais sans avoir autre chose devant l'esprit que les propriétés de deux lettres stériles ?

Mais si, exclusivement à tout autre science, vous endoctrinez un enfant dans cette science qui donne peu d'idées, vous courez les risques de tarir la source des idées mêmes de cet enfant, de gâter le plus beau naturel, d'éteindre l'imagination la plus féconde, *de rétrécir l'entendement le plus vaste*. Vous remplissez cette jeune tête d'un fracas de nombres et de figures qui ne lui représentent rien du tout ; vous l'accoutumez à se satisfaire d'une somme donnée, à ne marcher qu'à l'aide d'une théorie, à ne faire jamais usage de ses forces, à soulager sa mémoire et sa pensée par des opérations artificielles, à ne connaître, et finalement à n'aimer que ces principes rigoureux et ces vérités absolues qui bouleversent la société.

On a dit que les mathématiques servent à rectifier dans la jeunesse les erreurs du raisonnement. Mais on a

répondu très ingénieusement et très solidement à la fois,
que pour classer des idées, il fallait premièrement en
avoir ; que prétendre arranger l'entendement d'un enfant,
c'était vouloir arranger une chambre vide. Donnez-lui
d'abord des notions claires de ses devoirs moraux et
religieux ; enseignez-lui *les lettres humaines et divines :*
ensuite, quand vous aurez donné les soins nécessaires à
l'éducation du cœur de votre élève, quand son cerveau sera
suffisamment rempli d'objets de comparaison et de principes certains, mettez-y de l'ordre, si vous le voulez, avec
la géométrie.

En outre, est-il bien vrai que l'étude des mathématiques
soit si nécessaire dans la vie ? S'il faut des magistrats, des
ministres, des classes civiles et religieuses, que font à leur
état les propriétés d'un cercle ou d'un triangle ? On ne veut
plus, dit-on, que des choses positives. Hé, grand Dieu !
qu'y a-t-il de moins positif que les sciences, dont les
systèmes changent plusieurs fois par siècle ?

CHATEAUBRIAND, *Génie du christianisme* (1804),
3ᵉ partie, Livre second, chap. 1, Ed. G. F., p. 410-412.

**1.** Vous résumerez en 175 mots ce texte de Chateaubriand.
Vous indiquerez le nombre de mots employés, sachant que vous
avez droit à une marge de 10 % en plus ou en moins. *(8 points)*

**2.** Vous expliquerez le sens dans le texte des deux expressions
suivantes :
— « rétrécir l'entendement le plus vaste » (l. 43-44) ;
— « les lettres humaines et divines » (l. 59). *(2 points)*

**3.** « Est-il bien vrai que l'étude des mathématiques soit si
nécessaire dans la vie ? » (l. 65-66)
Vous répondrez à votre tour, et selon votre sentiment personnel, à cette question.

## Session de juin 1987

### ■ 2ᵉ sujet

Serai-je un jour celui qui lui-même mena
Ses scrupules mûrir aux tropicales plages ?
Je sais une tristesse à l'odeur d'ananas
Qui vaut mieux qu'un bonheur ignorant les voyages.

L'Amérique a donné son murmure à mon cœur.
Encore surveillé par l'enfance aux entraves
Prudentes, je ne puis adorer une ardeur
Sans y mêler l'amour de mangues et de goyaves[1].

N'était la France où sont les sources et les fleurs
J'aurais vécu là-bas le plus clair de ma vie
Où sous un ciel toujours vif et navigateur
Je caressais les joncs de mes Patagonies[2].

Je ne voudrais plus voir le soleil de profil
Mais le chef couronné de plumes radieuses,
La distance m'entraîne en son mouvant exil
Et rien n'embrase tant que ses caresses creuses.

Jules SUPERVIELLE, Débarcadères, (1922).

Vous ferez de ce poème un commentaire composé en étudiant l'art (images, rythme, sonorités, etc.) avec lequel Supervielle, né à Montevideo, exprime son double enracinement.

### ■ 3ᵉ sujet

Un grand nombre d'œuvres romanesques et théâtrales prennent pour sujet l'amour malheureux, l'échec sous des formes diverses, la mort, et quelquefois des calamités telles que la peste ou la guerre.

---

1. Goyaves : fruits exotiques.
2. Patagonie : région méridionale de l'Argentine.

Vous direz, en vous appuyant sur des exemples précis, quel intérêt et quel plaisir vous prenez à l'évocation de sujets qui, dans le monde réel, vous paraissent pénibles.

## AMIENS

Les sujets ont été fournis par l'académie pilote de Lille.

## BESANÇON

Les sujets ont été fournis par l'académie pilote de Nancy-Metz.

## BORDEAUX

Les sujets ont été fournis par l'académie pilote de Nantes.

## CAEN

Les sujets ont été fournis par l'académie pilote de Nantes.

## CLERMONT-FERRAND

Les sujets ont été fournis par l'académie pilote de Nantes.

## CORSE

Les sujets ont été fournis par l'académie pilote de Nice.

## DIJON

Les sujets ont été fournis par l'académie pilote de Nancy-Metz.

## GRENOBLE

Les sujets ont été fournis par l'académie pilote de Nancy-Metz.

## LILLE

### ■ 1<sup>er</sup> sujet

Le profit d'un beau livre est de vous faire entrer dans l'expérience d'un autre être, ce qui n'est guère possible en ce monde, même lorsqu'il s'agit de nos proches : comment traverser ces brouillards de coutume ou de pudeur ! Souvent ceux qui nous entourent, n'ayant pas su condenser leur expérience faute de langage, sont pour nous comme s'ils n'avaient rien à nous apprendre. Le livre nous place au centre d'un esprit qui nous est étranger ; il nous livre son essence même. Il faut s'être exercé à écrire pour deviner quelles rognures, quels déchets suppose une seule page écrite, que de matière est ainsi réduite, que de bonnes choses même disparaissent pour donner à celles qui demeurent de la résonance. Et, alors même que le livre ne fait aucune allusion à la vie intime d'un homme, il n'y a guère de page qui ne suppose quelque secret.

Un vrai livre est écrit en vertu d'une nécessité, comme une vraie lecture est celle qu'on fait en état de faim et de désir. Et, de même qu'il est conseillé de se priver de lire si l'on n'en sent pas un appel, de même on devrait se priver d'écrire un livre si l'on n'a pas la conviction d'avoir à transmettre ce que nul ne peut dire à votre place. Cela ne signifie pas que toutes les pages de cet ouvrage seront neuves, personnelles. Un livre n'est jamais également attrayant ou intéressant ; il comporte comme la vie quotidienne dont il est le précipité[1], des parties ennuyeuses, rebutantes et mornes, qui sont la condition des réveils de l'inspiration. [...]

Ceux qui lisent aiment à revenir au même ouvrage, à l'acheter au prix d'un sacrifice, à le faire relier, à l'avoir, de jour et de nuit, près du lieu où ils rêvent. Il y a une grande différence entre le livre qui nous est prêté et celui qui est à nous. La lecture implique qu'on puisse savoir où sont, dans un ouvrage, les pages que l'on aime, qu'on les retrouve sans trop de peine. A la limite, on ne lirait qu'un seul livre dans sa vie, comme les anciens Juifs, comme plusieurs Chrétiens, comme faisait Monsieur de Saci, auquel la lecture du seul saint Augustin donnait assez d'esprit pour bien répondre à Pascal. Plusieurs livres assez ternes en eux-mêmes, pourraient être illuminés, si l'on prenait la résolution de ne lire qu'eux seuls pendant toute son existence et de leur demander l'interprétation de vos expériences de vie. On s'étonne parfois que Hegel ou Marx aient ce privilège, mais l'obscurité, la masse, les lacunes sont, comme la concision des maximes, des conditions favorables pour qu'un lecteur puisse loger dans un livre l'image de ses pensées. Un livre hermétique est celui auquel on emprunte ou auquel on prête le plus.

Les livres qu'il convient de garder à son chevet, ce sont ceux qui sont capables en toute circonstance de nous donner un conseil ou un mouvement favorables ; ceux qui nous haussent par le récit d'une vie exemplaire ; ceux qui nous racontent l'existence d'un

---

1. Précipité : terme emprunté à la chimie ; désigne un dépôt formé dans un liquide à la suite d'une opération spécifique.

homme semblable à nous, et qui par là nous rassurent, comme est Montaigne ; ceux qui nous révèlent l'univers tel qu'il est ; ceux qui nous font participer à d'autres existences, en d'autres milieux et à d'autres époques ; ceux qui résument Tout ; ceux qui sont comme des chants. Le plus beau livre est peut-être celui qui n'a pas été écrit pour être lu, qui n'est publié qu'après la mort de son auteur, qui n'est ombré par aucun désir de plaire, qui a la qualité d'un testament. Et il est bon que le livre soit assez ancien pour qu'il ne se rattache à nos détails présents par aucun fil, et qu'il nous fasse sentir que ce qui nous émeut, dans ce moment-ci, est provisoire.

Jean GUITTON, *Le Travail intellectuel* (1986).

**1.** Vous ferez de ce texte un résumé en 180 mots ; une marge de 10 %, en plus ou en moins, est admise. Vous indiquerez à la fin de votre résumé le nombre exact de mots employés. *(8 points)*

**2.** Vous préciserez le sens que prennent dans ce texte les termes :
— « résonance » (premier paragraphe) ;
— « nécessité » (deuxième paragraphe). *(2 points)*

**3.** Jean Guitton écrit : « Ceux qui lisent aiment à revenir au même ouvrage, à l'acheter au prix d'un sacrifice, à le faire relier, à l'avoir, de jour et de nuit, près du lieu où ils rêvent. »
Faites-vous partie des lecteurs évoqués par Jean Guitton ? Donnez vos raisons en vous appuyant sur les éléments du texte appropriés et en faisant appel à votre expérience personnelle. *(10 points)*

## ■ 2ᵉ sujet

### AMIS-PAR-LA-FOULÉE

Nous avons couru côte à côte, deux beaux chevaux à un même char.

J'avais ma foulée qui enfonce, ma foulée de chargeur de bataille.
Les deux souffles partaient à la fois : une seule vapeur d'une seule machine.
Quand nous avons accéléré, j'ai eu tant de plaisir que j'ai souri.
La vitesse montait en nous comme de l'eau dans un conduit.
Dans les virages inclinés, j'étais un peu appuyé sur lui.
Ralentir avec la même décroissance a une douceur qui vous clôt les yeux.
O mort exquise du mouvement, quand le buste tire sur lui comme des rênes,
quand les bras s'abaissent et pendent comme dans la bonace[1] des voiles retombées...
Pour les Chinois, d'un accord d'instruments naissait entre les musiciens une sympathie.
Comme nous disons : amis de collège, ils disaient d'un mot : amis-par-la-musique.
Quel mot pour ceux qui ont couru ensemble dans l'accord de la foulée ?

Henry DE MONTHERLANT, *Les Olympiques* (1924).

Vous ferez de ce poème en vers libres un commentaire composé.
Vous pourriez, par exemple, montrer comment l'organisation, les figures, le rythme et les sonorités suggèrent l'effort et les sentiments des amis-par-la-foulée.

## ■ 3ᵉ sujet

En janvier 1976, lors de la parution de son roman *La Valse aux adieux,* l'écrivain tchèque Milan Kundera déclarait : « Dans la

---

1. Bonace : calme plat de la mer en l'absence de vent.

vie, l'homme est continuellement coupé de son propre passé et de celui de l'humanité. Le roman permet de soigner cette blessure. »

L'opinion de M. Kundera sur la fonction de l'œuvre romanesque rejoint-elle votre expérience personnelle de lecteur ?

## LIMOGES

Les sujets ont été fournis par l'académie pilote de Nantes.

## LYON

Les sujets ont été fournis par l'académie pilote de Nancy-Metz.

## MONTPELLIER

### ■ 1ᵉʳ sujet

Qu'on permette à l'art de se retirer sur ses plus hauts sommets, sous prétexte de pureté, il se retirera du même coup de la vie. Parqué[1] dans des réserves où ne se livreront plus que des jeux désincarnés, les espaces abandonnés
5   seront vite transformés en désert. Les grandes époques sont au contraire, pour l'art, celles de la présence totale, de la présence naturelle. Le coffre médiéval d'usage courant n'est pas indigne des stalles sculptées de la cathédrale ; l'enseigne du drapier peut rivaliser avec les

---

1. Comprendre : si l'art est parqué.

ferronneries du chœur. L'artiste à qui l'on doit le polyptyque[1] d'autel peint aussi les bannières des corporations. Michel-Ange dessine des uniformes, Léonard de Vinci d'innombrables machines, des ponts, des armes. Et ainsi à l'infini. Alors l'œuvre d'art est partout. Elle est familière. Elle n'a pas de raisons d'intimider.

L'intimidation a malheureusement fini par prévaloir. Conséquence de la retraite de l'œuvre au musée, hors d'une fréquentation habituelle. Conséquence aussi d'une situation nouvelle de l'artiste, inaugurée par le romantisme : celle d'un être à part, perdu dans les nuées de l'inspiration, planant au-dessus du commun. Quand bien même il a voulu répudier cette pose, son entourage s'est obstiné à la lui attribuer, comme au savant, comme à l'acteur.

Dans le même temps, on assistait à une fantastique prolifération de l'image, submergeant tous les domaines, par l'effet des procédés perfectionnés de reproduction mécanique. L'affiche, la publicité sous toutes ses formes, l'imprimé lui-même accueillaient de plus en plus l'image, de préférence au texte. Par un cheminement inverse de celui qui suivit l'invention de l'imprimerie, on trouvait plus efficace de s'adresser directement à l'œil plutôt qu'au raisonnement : nos magazines ne rejoignent-ils pas, finalement, la bible des pauvres du Moyen Age — représentation figurée qui épargne la lecture et l'étude ? Le cinéma, la télévision mettent le comble — vingt-quatre images à la seconde ! — à cette débauche qui ne ménage plus guère de repos au regard. Surabondance entraîne dévalorisation : de même que l'abus inconsidéré du langage affaiblit le sens de la poésie — exercice du verbe en ce qu'il a de plus précieux —, de même ce recours obsessionnel à une image perpétuellement imposée, non choisie, entrevue plus que vue, aussitôt effacée par la suivante, affaiblit les facultés

---

1. Polyptyque : tableau à plusieurs volets.

d'attention du regard. Comment s'étonner que dans ce climat l'on trouve trop fière l'œuvre d'art, qui ne saurait s'offrir de la sorte ?

La conception contemporaine du tourisme engendre des phénomènes assez semblables. Excellent dans son principe puisqu'il tend à mettre à la portée du plus grand nombre les richesses artistiques d'un pays, jusqu'aux plus reculées, naguère difficiles d'accès, sa pratique effective porte à en suspecter le bénéfice. Ne voit-on pas en effet le touriste motorisé, bien plus soucieux de sa moyenne que de la découverte des contrées traversées, butiner en hâte les trésors qui lui sont signalés ? Le voici parti pour « faire » les châteaux de la Loire, l'Alsace ou la Bourgogne. La préoccupation de la quantité prime tout. Fera-t-il tenir Chambord, Cheverny et Blois dans la matinée ? Déjeunera-t-il assez vite pour gagner ensuite Chaumont, Amboise et Chenonceau ? Etc. Quel moyen pour ce malheureux de faire plus que vérifier d'un coup d'œil la description de son guide et le nombre d'étoiles décernées à chaque site ? Bien plus, aux époques de grande affluence, il est devenu impossible à un voyageur attentif et curieux de visiter à loisir, en contemplant chaque chose comme elle le mérite, la plupart de nos monuments : force lui est de s'agréger à l'une des fournées que leurs conducteurs mènent à allure accélérée à travers salles et galeries, où il n'est pas question de s'attarder. Le point de vue de la curiosité et de l'anecdote — authentique ou non — l'emporte d'ailleurs régulièrement dans les commentaires imposés. Avec ces désolantes pratiques contrastent certaines exceptions françaises ou étrangères (par exemple la maison du célèbre imprimeur Plantin à Anvers, que le visiteur parcourt seul, sans contrainte, renseigné à chaque pas par des notices discrètes, dans une délicieuse impression d'intimité).

Il arrive aussi qu'en certains cas, les illuminations sonorisées dont la vogue s'est répandue si largement contreviennent à la signification profonde et spirituelle de tel monument — abbaye ou basilique. On aperçoit comment, à la limite, le tourisme, par excès de zèle maladroit, peut aboutir à la destruction secrète des valeurs qu'il s'imagine soutenir.

Jean GUICHARD-MEILI, *Regarder la peinture* (1960).

**1.** Résumez le texte en 190 mots. Une marge de 10 % en plus ou en moins est admise. Vous indiquerez à la fin de votre résumé le nombre de mots employés. *(8 points)*

**2.** Expliquez le sens, dans le texte, des expressions suivantes :
— « en suspecter le bénéfice » (ligne 51-52) ;
— « butiner en hâte les trésors » (ligne 54-55). *(2 points)*

**3.** La « fantastique prolifération de l'image » due au progrès technique vous semble-t-elle nuire à la contemplation des œuvres d'art ? *(10 points)*

## ■ 2ᵉ sujet *

### CHANSON D'AUTOMNE

Ecoutez la voix du vent dans la nuit,
La vieille voix du vent, la lugubre voix du vent,
Malédiction des morts, berceuse des vivants...
Ecoutez la voix du vent.
Il n'y a plus de feuilles, il n'y a plus de fruits
Dans les vergers détruits.
Les souvenirs sont moins que rien, les espoirs sont très loin.
Ecoutez la voix du vent.

Toutes vos tristesses, ô ma Dolente[1], sont vaines.
L'implacable oubli neige sinistrement
Sur les tombes des amis et des amants...

---

1. L'adjectif « dolent » signifie souffrant, plaintif.

Ecoutez la voix du vent.
Les lambeaux de l'été suivent le vent de la plaine ;
Tous vos souvenirs, toutes vos peines
Se disperseront dans la tempête muette du Temps.
Ecoutez la voix du vent.

Elle est à vous, pour un moment, la sonatine[1]
Des jours défunts, des nuits d'antan...
Oubliez-la, elle a vécu, elle est bien loin.
Ecoutez la voix du vent.
Nous irons rêver, demain, sur les ruines
D'Aujourd'hui ; préparons les paroles chagrines
Du regret qui ment quotidiennement.
Ecoutons la voix du vent.

MILOSZ, *Le Poème des décadences* (1899).

Vous ferez de ce texte un commentaire composé. Vous pourrez, par exemple, montrer par quels procédés stylistiques l'auteur donne, à travers cette « chanson », un caractère original à son évocation de l'automne. Mais ces indications ne sont pas contraignantes et vous avez toute latitude pour orienter votre lecture en fonction de l'intérêt que vous portez personnellement à tel ou tel aspect du texte.


# ■ 3ᵉ sujet *

Le journaliste P. Lepape écrivait en 1982 dans *Télérama* qu'en tant que critique il était « gavé de confidences autobiographiques dont il n' [avait] que faire », faisant ainsi allusion à la masse de livres de ce type lancés sur le marché depuis quelques années, et à leur qualité souvent médiocre.

---

1. Sonatine : petite pièce de musique instrumentale.

En évoquant de façon précise vos réactions de lecteur d'œuvres et de fragments d'œuvres autobiographiques, vous direz si vous partagez la sévérité du critique.

# NANCY-METZ

## ■ 1<sup>er</sup> sujet

Aujourd'hui, la vie des citoyens des sociétés industrielles est conditionnée par la production de masse et par la vitesse, en interaction permanente. On produit beaucoup parce qu'on produit vite ; on peut produire beaucoup parce qu'on écoule rapidement les produits grâce à la rapidité des transports. En plein hiver, les haricots verts et les kiwis de l'hémisphère austral approvisionnent les supermarchés de nos villes ; les pièces détachées des automobiles et des ordinateurs fabriquées en Extrême-Orient sont aussi facilement disponibles que celles de Sochaux ou d'Angers.

Production de masse et vitesse de communication ont influencé la mentalité des hommes au point de modeler leur logique et leurs repères éthiques[1]. L'excellence devient l'expression de la valeur suprême en retrouvant son sens étymologique : dans une civilisation de masse et de l'uniformité, tout ce qui sort du lot est marqué d'une valeur particulière, comme l'exprimait un slogan publicitaire d'il y a quelques années : « Voyagez hors des hordes... ».

L'excellence consiste d'abord à se distinguer, à se placer hors du lot commun, hors des hordes ; pour l'homme de la foule, solitaire, c'est là une valeur absolue. Du même coup, la manière dont s'affirme l'excellence a changé elle aussi. Contrairement à ce qui se passait autrefois, l'excellence aujourd'hui ne s'affirme

---

1. Ethiques : moraux.

pas dans la durée ; la prééminence sur le plus grand nombre de compétiteurs ou de concurrents s'affirme rapidement et dure peu de temps. Comme la vitesse des communications est extrême, elle permet de se faire connaître très rapidement par un grand nombre de gens.

Le label d'excellence est aujourd'hui comme autrefois le résultat *d'une sorte de plébiscite*. Le mouvement d'opinion, qui demandait des années ou des décennies, est acquis en quelques heures par la radio et la télévision. L'exemple en est donné par les sondages sur la cote des artistes ou des hommes politiques ainsi que par les hit-parades. Le meilleur est celui que l'opinion, consultée par des procédures sophistiquées et ultra-rapides, désignera comme tel. Le classement obtenu, répercuté immédiatement par les médias, prendra valeur aux yeux de tous. Ainsi, au soir d'une élection, dès 20 h 01, tout le monde connaît « la fourchette » des résultats. Les heures de dépouillement qui suivent paraissent n'avoir d'autre rôle que de confirmer et d'affiner les résultats des sondages.

Le fonctionnement de l'opinion, par le truchement des médias, a influencé grandement l'usage et la signification de l'excellence telle qu'on la conçoit aujourd'hui. Le mot s'applique toujours à la réussite, mais il s'agit d'une réussite instantanée, très marquée de précarité [1]. L'excellence s'identifie plus à la performance d'un instant ou à la réussite du moment qu'à une valeur profonde ou durable.

Ce caractère de précarité, bien loin d'apparaître à nos contemporains comme une infériorité, est apprécié comme un avantage. La permanence, la capacité à durer sont aujourd'hui des caractéristiques dévalorisantes. Les milieux savants parlent volontiers d'obsolescence [2] et de désuétude ; pour l'homme de la rue, il n'est pire condamnation que le « c'est ringard ! ».

La notion d'excellence, prise comme un absolu, est devenue un mot clé du langage d'aujourd'hui parce qu'elle traduit exacte-

---

1. Précarité : fragilité, instabilité.
2. Obsolescence : abandon où est tombée une chose hors d'usage.

ment les normes et les principes de fonctionnement de la civilisation contemporaine : primat de la réussite, rapidité des évolutions, conscience de la précarité, langage collectif qui est celui des médias.

La réflexion éthique ou sociale utilise couramment le concept[1] d'échelle de valeurs. L'excellence ignore les valeurs, de quelque ordre qu'elles soient. *Elle n'est qu'une échelle.* Elle désigne et exalte celui qui est le plus haut sur l'échelle, qu'il soit singe, homme ou machine. Elle est la version savante du livre des records, la traduction quasi littérale du franglais « top-niveau », l'équivalent adulte du « c'est super » qui, en toutes circonstances, dit la satisfaction et l'admiration des enfants et des jeunes. Vive l'excellence !... A condition qu'elle soit accompagnée d'un mot qui précise de quoi il s'agit.

Edmond VANDERMEERSCH,<br>
« Résistance au temps ou vitesse de notoriété »,<br>
revue *Autrement,* n° 86, janvier 1987.

**1.** Ce texte comprend 690 mots. Vous le résumerez en 170 mots (une marge de 10 % en plus ou en moins est admise). Vous indiquerez à la fin de votre résumé le nombre de mots employés. *(8 points)*

**2.** Expliquez brièvement dans le texte les mots et expressions suivants :
— « une sorte de plébiscite »,
— « elle n'est qu'une échelle ». *(2 points)*

**3.** Pour vous, « l'excellence » n'est-elle qu'une question de records ? Vous répondrez à cette question en vous appuyant sur des exemples concrets et variés. *(10 points)*

---

1. Concept : ici notion, idée...

## 2ᵉ sujet

*En 1833, Chateaubriand âgé de 65 ans voyage en Allemagne.*

En retournant à l'auberge, j'ai rencontré une petite hotteuse [1] : elle avait les jambes et les pieds nus ; sa jupe était courte, son corset déchiré ; elle marchait courbée et les bras croisés. Nous montions ensemble un chemin escarpé ; elle tournait un peu de mon côté son visage hâlé : sa jolie tête échevelée se collait contre sa hotte. Ses yeux étaient noirs ; sa bouche s'entrouvrait pour respirer : on voyait que, sous ses épaules chargées, son jeune sein n'avait encore senti que le poids de la dépouille des vergers. Elle donnait envie de lui dire des roses : *ρόδα μ'εἴρηκας* (Aristophane) [2].

Je me suis mis à tirer l'horoscope de l'adolescente vendangeuse : vieillira-t-elle au pressoir, mère de famille obscure et heureuse ? Sera-t-elle emmenée dans les camps par un caporal ? Deviendra-t-elle la proie de quelque don Juan ? La villageoise enlevée aime son ravisseur autant d'étonnement que d'amour ; il la transporte dans un palais de marbre sur le détroit de Messine, sous un palmier au bord d'une source, en face de la mer qui déploie des flots d'azur, et de l'Etna qui jette des flammes.

J'en étais là de mon histoire, lorsque ma compagne, tournant à gauche sur une grande place, s'est dirigée vers quelques habitations isolées. Au moment de disparaître, elle s'est arrêtée ; elle a jeté un dernier regard sur l'étranger ; puis, inclinant la tête pour passer avec sa hotte sous une porte abaissée, elle est entrée dans une chaumière, comme un petit chat sauvage se glisse dans une grange parmi des gerbes.

CHATEAUBRIAND (1768-1848), *Mémoires d'outre-tombe* (1848).

---

1. Hotteuse : jeune fille ou femme qui porte sur son dos, dans une hotte, les grappes de la vendange.
2. La phrase écrite en grec signifie : « Tu m'as dit des roses. »

Vous ferez de ce texte un commentaire composé que vous organiserez à votre gré, en veillant toutefois à ne pas séparer le fond et la forme.

Vous pourriez étudier, par exemple, comment le mélange de rêve et de réalité concourt au charme de ce souvenir.

## ■ 3ᵉ sujet

« Les lectures de l'adolescence ont beaucoup avancé ma formation. Il fut un temps où les personnages des romans m'étaient plus familiers et mieux connus que les humains. Julien Sorel, Fabrice Del Dongo, Rastignac, Emma Bovary, Anna Karenine, David Copperfield étaient mes compagnons d'esprit ; il m'arrivait de me guider sur eux. »

Gabriel CHEVALLIER, *L'Envers de Clochemerle.*

En comparant votre expérience de jeune lecteur à celle de Gabriel Chevallier, vous préciserez quel genre de rapports vous entretenez avec les héros de la fiction littéraire ou artistique.

# NANTES

## ■ 1ᵉʳ sujet

Parlons un peu de cette tradition à laquelle notre siècle veut tant de mal. Et d'abord, qu'est-ce qu'une tradition ? Le mot est significatif par lui-même. Le latin nous l'a légué. Il vient de *tradere* qui veut dire *transmettre*.

Dans l'histoire d'une civilisation, la tradition représente l'acquis des générations successives, ce que ces générations ont elles-mêmes expérimenté, le résultat de leurs réussites à travers mille échecs, tout un fatras d'usages, de modes, des façons de voir et de penser, enfin ce qui reste au fond d'un creuset où une race a jeté les « choses de la vie ».

La sélection a donné des habitudes qui concernent, les unes l'esprit, les autres le corps. Certaines, plus extérieures à l'homme, intéressent son comportement, sa manière d'utiliser ce que la nature a mis à sa disposition. Elles sont ordinairement variables, éphémères, destinées à tomber comme les feuilles que le printemps a mises aux branches des arbres. D'autres, plus intérieures, sont comparables à des approches d'éternité.

Le bien et le mal se côtoient dans une tradition. Ils s'y imbriquent même et de telle sorte qu'il est souvent difficile de les séparer. Le mauvais, constitué le plus souvent par des acquis de fraîche date, et le meilleur, par ce que les siècles ont patiné. Sagesse des nations... Folie des populations !

Les contempteurs[1] de la tradition, s'ils voulaient réfléchir un peu, s'apercevraient de l'incohérence de leur position. Une certaine indigence du vocabulaire dont notre temps est affligé a souvent fait confondre tradition et routine. Au fond, la tradition n'est qu'un fondu d'actualités, nées au fil des âges. Elle représente une sélection sans cesse perfectionnée et certainement perfectible. Pourquoi chercher à renverser un édifice si laborieusement construit au lieu d'y apporter les perfectionnements du progrès ? Ici, c'est un lambris qui demande réparation, là un vide qui sollicite un ornement... mais à quoi bon détruire ce qui s'avère sain et solide ? Sommes-nous plus malins que toutes ces générations qui nous ont précédés et qui nous ont laissé les témoignages de leur savoir-faire et de leur esprit ?

Souvenons-nous que renier sa race, c'est dans une certaine mesure se renier soi-même. Nous serions bien nus s'il fallait nous dépouiller d'un coup de ce que nos devanciers nous ont légué (et il n'est pas question ici d'argent). Nous le voyons bien à cet empressement de nos contemporains, pleins d'inconséquence, pour les mobiliers et les œuvres d'art du passé.

---

1. Contempteur : personne qui méprise, dénigre.

Quelle présomption, disait à peu près cet excellent M. Montaigne, d'estimer ses opinions au point que, pour les établir, il faille renverser une paix publique. Et encore : « Il est bien aisé d'engendrer à un peuple le mépris de ses anciennes observances, mais d'y rétablir un meilleur état en la place de celui qu'on a ruiné, à ceci plusieurs se sont morfondus[1] de ceux qui l'avaient entrepris. »

Puisqu'il est admis qu'une tradition comporte des éléments permanents et d'autres épisodiques, eh bien ! gardons l'excellent et remplaçons le reste, en prenant soin de préserver l'esprit du tout. Le Christ qui fonda une Eglise et une civilisation répétait qu'il n'était pas venu détruire la loi ancienne mais la compléter.

Dans un monde où l'instabilité est si inquiétante, quoi de plus indispensable que la sécurité d'une tradition vivante dont les bénéficiaires sachent tirer « une nouveauté des choses anciennes », où chaque génération ait à cœur de passer le témoin à celle qui suit, où celle qui suit accepte l'héritage sans abandonner l'élan d'invention qu'elle apporte avec elle ? Pas d'autre manière de transformer la vie.

Yves-Marie RUDEL.

**1.** Vous résumerez ce texte en 160 mots (soit environ le quart de sa longueur) ; une marge de 10 % en plus ou en moins est autorisée.

Vous indiquerez obligatoirement sur votre copie le nombre de mots de votre résumé. *(8 points)*

**2.** Expliquez le sens, dans le texte, de :
— « ce que les siècles ont patiné » ;
— « passer le témoin à celle qui suit ». *(2 points)*

**3.** Vous vous demanderez, à partir d'exemples puisés dans votre vie personnelle et dans vos lectures, s'il est toujours possible, comme l'auteur de cet article nous y invite, de tirer « une nouveauté des choses anciennes ». *(10 points)*

---

1. Se morfondre à : s'employer en vain à.

## ■ 2ᵉ sujet

Beauregard *est une sorte de méditation poétique qui se cristallise autour du village et du nom même de Beauregard. Le poète a aperçu ce village « par hasard à la fin d'un voyage d'hiver » ; après l'avoir situé « à l'entrée d'un défilé » montagneux, « près d'une grande carrière creusée dans le flanc de la colline », il le décrit en ces termes.*

Village perdu, presque un hameau, inconnu (mais il s'agissait bien de Beauregard, dans la Drôme), insignifiant, du moins pour qui n'y vit pas : je ne m'y suis jamais arrêté. Quelques maisons seulement, mais habitées, puisqu'on a vu s'y allumer les premières lampes ; et on ne sait rien de ce qu'elles éclairent, mais on ne le devine que trop aisément : les visages fatigués ou mornes, les mains usées, les assiettes sur la table miroitante (on a vendu ou brûlé celle en bois), la vie tempérée d'aujourd'hui, un peu vide, à moins qu'elle ne dissimule une violence souterraine, qui explosera plutôt en désespoir qu'en éclats de joie. Toutefois, on allume les lampes et cela aide, tandis que le vert des prairies et des forêts devient comme de l'encre ou presque, s'imprègne de nuit ; et qu'à l'inverse, une dernière fois avant la nuit, flamboie l'entaille de la carrière, à croire qu'on aurait allumé là-bas un grand brasier rose qui semble sourdre de la terre elle-même — et c'est aussi comme un verre de lumière à boire, un verre de soleil couchant. (Ainsi deux mondes se lient-ils l'un à l'autre, se relaient-ils mutuellement.) Au-delà, les montagnes ont bâti un mur, et il y a une porte dans ce mur. Le village garde la porte (l'a gardée, il y a longtemps). Plus personne ne passe là ; du moins, plus d'envahisseurs, de brigands, plus d'ours ni de loups par grand froid ; même plus de fantômes ? Mais c'est resté une porte qu'un enfant rêve encore d'ouvrir, de franchir, justement peut-être quand la nuit comme aujourd'hui tombe, et quand s'allume la carrière, le feu autour duquel il n'y a plus personne, et qui ne réchauffe un instant, de loin, que le voyageur.

Philippe JACCOTTET, *Beauregard* (1984).

Vous ferez de ce texte un commentaire composé. Vous pourrez étudier, par exemple, par quels moyens la réalité se trouve ici transfigurée.

## ■ 3ᵉ sujet

« Quel roman ! » dit-on d'une histoire invraisemblable. Et quand on veut isoler un fait réel des commentaires superflus qu'il a suscités, on ajoute parfois : « tout le reste est littérature ». Est-ce à dire que l'œuvre littéraire n'entretient aucun rapport avec la vie réelle ?

Pour répondre à cette question, vous vous fonderez sur vos lectures personnelles.

# NICE

## ■ 1ᵉʳ sujet

### PEUT-ON PARLER DE PROGRÈS DANS L'ART ET LA MORALITÉ ?

L'histoire culturelle se présente sous un double aspect : discontinuité des cultures et des civilisations, mais continuité de certains des traits qui les composent. C'est ce qui permet à la fois de constater et de nier le progrès. En effet, les techniques se diffusent dans l'espace et se transmettent dans le temps, de sorte que les résultats positifs acquis par une civilisation ne sont pas perdus, ou du moins totalement perdus, pour les autres et pour l'humanité tout entière. Certes, il y a des irrégularités, des reculs, des conquêtes abandonnées puis regagnées. Les astronomes gréco-asiatiques, non seulement connaissaient le mouvement de la terre autour du soleil et la forme sphérique de notre planète, mais ils avaient mesuré le méridien terrestre à cinquante kilomètres près. Il a fallu attendre l'an 1615 de notre ère pour que

Galilée redécouvrît ce qu'on savait déjà à Alexandrie au II$^e$ siècle avant J-C, et l'on n'ignore pas quelles mésaventures lui valut son audace. On a beaucoup sous-estimé la science antique ; en réalité, bien des phénomènes ont été étudiés et compris par elle, notamment dans ce merveilleux « centre de recherche scientifique » qu'était le Musée d'Alexandrie, puis les résultats acquis ont été oubliés quand la civilisation gréco-romaine s'effondra ; par exemple, le rôle du cœur dans la circulation, la distinction entre les artères et les veines, l'existence et la fonction des nerfs, étaient enseignés [...] dès le III$^e$ siècle avant notre ère.

Il arrive aussi qu'une invention soit ébauchée, non seulement dans son principe, mais dans certaines applications, et qu'elle ne soit développée pleinement que beaucoup plus tard et par d'autres civilisations. On admet communément que les anciens Mexicains ignoraient la roue, et c'est vrai dans la mesure où ils ne l'ont pas utilisée dans la vie pratique. Pourtant, on a trouvé dans les fouilles, dans la région du Pánuco, des animaux en terre cuite roulant sur quatre disques : il s'agissait assurément de jouets. Mais l'idée n'a pas été transposée à des véhicules, peut-être parce que les Indiens ne possédaient aucun animal susceptible de traîner un chariot. [...]

Le savant alexandrin Héron, [...] inventa entre 150 et 100 avant J-C une machine à vapeur, l'éolipile, qui repose sur le principe de la turbine. Il s'en servit même pour faire fonctionner des automates ou pour ouvrir et fermer des portes. Mais l'on continua à faire tirer les voitures par des chevaux et propulser les navires par des rames. Les Chinois se sont servis de la poudre pour lancer des fusées et des feux d'artifice, mais les Arabes furent les premiers à l'utiliser dans un canon [...].

Même pendant les siècles du « Moyen Age », des inventions telles que le moulin à eau ou l'horloge mécanique ont pu se développer et se répandre.

En dépit des régressions, il y a, au total, progrès technique, parce que les traits culturels de cette catégorie voyagent, survivent, passent d'une civilisation à une autre et s'additionnent au cours du temps.

Mais en est-il de même dans d'autres domaines ? Peut-on dire qu'il y ait eu progrès dans l'art et la moralité par exemple, depuis qu'il existe des civilisations et jusqu'à la nôtre inclusivement ? La réponse me semble négative : nous sommes ici en présence, non plus de traits et de thèmes de culture, mais des structures propres à chaque civilisation, c'est-à-dire que nous passons du *continu au discontinu*.

Toute civilisation est déjà en elle-même un phénomène exceptionnel. Elle est limitée dans son étendue et dans sa durée. Chacune adopte une certaine attitude devant le monde et les problèmes de l'homme. Il est impossible de formuler des *jugements de valeur* qui permettraient de situer objectivement les diverses civilisations les unes au-dessus ou au-dessous des autres. On peut dire qu'une automobile est plus rapide qu'une voiture tirée par des chevaux, qu'un sous-marin atomique est une arme plus efficace qu'une trière athénienne, qu'un chronomètre mesure le temps plus exactement qu'une clepsydre [1]. Mais on ne peut affirmer que nos penseurs soient supérieurs à Platon, nos monuments plus beaux que l'Acropole, et nous-mêmes plus sages ou plus humains que les contemporains de Périclès. Il est possible d'apprécier et d'exprimer en termes mathématiques les progrès de diverses branches de la technique depuis l'époque de Vermeer [2] jusqu'à celle de Picasso, mais non d'établir un rapport du même ordre entre les tableaux de ces deux peintres. Les efforts des hommes s'additionnent, malgré les ruptures, les temps d'arrêt et les périodes de recul, quand il s'agit des inventions et de leurs applications, mais au niveau de l'esthétique et de la morale, ils recommencent et retombent, repartent de zéro, atteignent d'éclatants sommets à de rares moments de l'histoire pour en redescendre presque aussitôt.

Jacques SOUSTELLE, *Les Quatre Soleils* (1967).

---

1. Clepsydre : appareil utilisé dans l'Antiquité pour mesurer le temps.
2. Vermeer : peintre hollandais du XVIIe siècle.

**Session de juin 1987**

**1.** Vous ferez de ce texte un résumé en 205 mots (une marge de plus ou moins 10 % est toutefois admise). Vous indiquerez à la fin de votre résumé le nombre de mots employés. *(8 points)*

**2.** Quel est le sens dans le texte des expressions suivantes :
— « du continu au discontinu » ;
— « jugements de valeur » ? *(2 points)*

**3.** Depuis le XVIIIe siècle, on affirmait la concordance des progrès techniques et du progrès moral. Pensez-vous qu'on ait des raisons aujourd'hui de la remettre en cause ? Vous illustrerez vos arguments en faisant appel à votre expérience de lecteur, de spectateur ou de témoin. *(10 points)*

## ■ 2e sujet

### UNE PROCESSION

*Durant la grande épidémie de choléra qui sévit en Provence au milieu du XIXe siècle, le héros du* Hussard sur le toit, *Angelo, perché sur les toits de Manosque, assiste à une procession destinée à conjurer les forces du mal.*

Bien longtemps avant que le soleil se lève, une petite cloche se mit à sonner dans les collines. Il y avait de ce côté-là, sur une éminence couronnée de pins, un ermitage semblable à un osselet. La lumière encore relativement
5  limpide permettait de voir un chemin qui y montait en serpentant à travers une forêt d'amandiers gris.
Le petit vitrail commença à transmettre par le tremblement de ses verres dans leurs cercles de plomb une sorte d'agitation qui bougeait dans les profondeurs de l'église.
10  Les grandes portes sur lesquelles on avait vainement frappé la veille s'ouvrirent. Angelo vit s'aligner sur la place des enfants vêtus de blanc et qui portaient des bannières. Les portes des maisons commencèrent à souffler quelques femmes noires comme des fourmis. D'autres venaient par

15 les rues qu'il voyait en enfilade. Au bout d'un moment, en tout et pour tout, ils devaient être une cinquantaine, y compris trois prêtres recouverts de carapaces dorées qui attendaient. La procession se mit en marche en silence. La cloche sonna longtemps des coups espacés. Enfin, les
20 bannières blanches apparurent sous les amandiers gris, puis les carapaces qui, malgré l'éloignement, restèrent dorées, puis les fourmis noires. Mais, pendant que tous ces petits insectes gravissaient lentement le tertre, le soleil se leva d'un bond. Il saisit le ciel et fit crouler en avalanche
25 des plâtres, des craies, des farines qu'il se mit à pétrir avec ses longs rayons sans iris. Tout disparut dans cet orage éblouissant de blancheur. Il ne resta plus que la cloche qui continua à sonner à grands hoquets ; puis elle se tut.

    Cette journée fut marquée par une recrudescence ter-
30 rible de la mortalité.

Jean GIONO, *Le Hussard sur le toit* (1951).

Vous ferez de ce texte un commentaire composé, à l'occasion duquel vous pourrez montrer, par exemple, par quels procédés l'auteur, en s'aidant du regard de son personnage, donne à voir et à juger la réalité. Mais ces indications ne sont pas contraignantes et vous avez toute latitude pour organiser votre commentaire à votre guise. Vous vous abstiendrez seulement de présenter une étude juxtalinéaire ou séparant artificiellement le fond de la forme.

## ■ 3ᵉ sujet

Beaucoup de lecteurs pensent que le compte rendu d'une œuvre par un critique suffit à en donner la connaissance. Or, Alain a écrit, dans ses *Propos sur l'esthétique,* en 1949 : « Ce que dit l'œuvre, nul résumé, nulle imitation, nulle amplification ne peut le dire... »

Vous examinerez ces deux points de vue opposés, en appuyant votre réflexion sur des exemples précis, empruntés à votre expérience personnelle et à vos lectures.

## ORLEANS-TOURS

Les sujets ont été fournis par l'académie pilote de Nantes.

## PARIS-CRETEIL-VERSAILLES

### ■ 1er sujet *

On pourrait ici reprendre la classique distinction établie par Riesman[1] entre trois étapes successives dans l'évolution générale des civilisations. Jusqu'à une époque relativement récente, c'est-à-dire surtout dans les sociétés archaïques antiques et médiévales marquées par une économie de pénurie où *l'instinct grégaire* et celui de la survie régnaient par nécessité, c'était la tradition qui façonnait l'idéal des individus. Chacun d'eux avait sa place dans le groupe comme l'abeille dans sa ruche, avec sa fonction, son but et, en vérité, il n'avait pas à se poser de problèmes. C'est ce même type de vie collective que Bergson[2] a bien décrite sous le nom de « société close ». Dans ce contexte, on n'avait guère à se demander en quoi consistait le bonheur, ou bien si l'on avait le loisir d'y réfléchir, on ne songeait qu'à une sagesse valable pour tous et finalement à une sorte de félicité liée à l'accomplissement de la fonction sociale ou, à la rigueur, humaine telle que la voulait la société.

La seconde phase, selon Riesman, commence à l'époque de la Renaissance, et c'est elle qui se prolonge encore dans la plupart

---

1. Riesman : sociologue américain, auteur de *La Foule solitaire*.
2. Bergson : philosophe français (1859-1941).

de nos pays, sauf dans ceux où, comme c'est le cas dans les régions les plus hautement industrialisées des Etats-Unis, la civilisation de masse fait déjà poindre la troisième étape de l'évolution. La différence entre cette seconde forme de civilisation et la première, c'est que l'économie de pénurie y est peu à peu surmontée, en même temps que la population s'accroît. Le poids de la tradition, que justifiaient l'immobilisme du groupe et sa lutte collective pour la survie, est peu à peu rejeté, et quand on entrevoit le règne de l'abondance et de l'expansion, chacun se lance pour soi-même dans l'aventure de la vie. Bref, c'est le triomphe de l'individualisme, que le XVIII$^e$ siècle érigera en doctrine. On comprend que les théories du bonheur y aient fleuri, aussi diverses que prometteuses. Il n'y a plus de règles rigides, plus de ligne de conduite assignée à chacun, de génération en génération, mais seulement des orientations générales données par la famille et qui laissent une bonne marge d'action pour que l'intérêt de chacun s'accommode de celui des autres ; il n'y a plus une collectivité, mais des personnes qui ont à se forger leur propre impératif, leur but et leurs moyens, et à se faire leur place selon leur talent, leur ambition et leur chance. [...]

Mais voici que commence la troisième forme de la société humaine, celle qui est au-delà du traditionalisme et de l'individualisme, celle de la masse. Dans les nations hautement industrialisées, plus particulièrement dans les très grandes villes, surtout dans le Nouveau Monde et déjà partiellement chez nous, on en voit se dessiner les traits principaux, et c'est en tout cas, si l'on en croit Riesman, vers ce type de société que nous sommes en marche. L'homme ne sera plus formé par une éducation rituelle stéréotypée comme il l'était dans les sociétés archaïques semblables à la ruche ou à la fourmilière ; il ne sera plus fortifié dans son individualité par une imprégnation familiale comme il l'était dans les sociétés des siècles derniers. Il sera une sorte de robot pensant, soumis à l'action des moyens de communication, à la télévision, à la publicité. Son caractère sera façonné non dans le foyer de ses parents mais dans le milieu social, celui des gens de même âge, de même profession. Modelé sans le savoir par une collectivité apparemment débonnaire, il sera autant que possible semblable à ses voisins, efficace et sociable comme il se doit, et n'aura guère d'autre vocation que de se perdre dans la foule. Son idéal sera d'être intégré dans le monde moderne, d'y acquérir le confort et d'étendre ses relations. Même dans ses loisirs, il renoncera à sa personnalité et « suivra le mouvement ». Bref, la formule de l'homme heureux de demain, ce sera le conformisme. La personnalité de base, c'est-à-dire *l'empreinte culturelle,* est donc en train de redevenir aussi forte qu'elle l'était dans les sociétés archaïques, mais d'une tout autre manière. L'individu, en effet, n'est plus transcendé par le groupe, il n'est pas plus soutenu par le mécanisme des traditions et pas plus arraché à sa solitude qu'il ne l'était dans la phase individualiste ; mais en même temps il n'a plus vraiment son libre arbitre ni surtout son originalité. Il n'est ni un élément d'une totalité organisée ni un centre de décision personnelle, mais le reflet indéfiniment répété d'un être social anonyme.

Jean CAZENEUVE, *Bonheur et Civilisation* (1966).

**1.** Vous résumerez le texte en 200 mots. Une marge de 10 % en plus ou en moins est admise. Vous indiquerez à la fin de votre résumé le nombre de mots employés. *(8 points)*

**2.** Expliquez le sens dans le texte des expressions en italique :
— « l'instinct grégaire »,
— « l'empreinte culturelle ». *(2 points)*

**3.** « La formule de l'homme heureux de demain, ce sera le conformisme. » Que pensez-vous de cette affirmation ?

## ■ 2ᵉ sujet

Je vis, je meurs ; je me brûle et me noie ;
J'ai chaud extrême en endurant froidure ;
La vie m'est et trop molle et trop dure ;
J'ai grands ennuis entremêlés de joie.

Tout à coup je ris et je larmoie,
Et en plaisir maint grief[1] tourment j'endure ;
Mon bien s'en va, et à jamais il dure ;
Tout en un coup je sèche et je verdoie.

Ainsi Amour inconstamment me mène ;
Et quand je pense avoir plus de douleur,
Sans y penser je me trouve hors de peine.

Puis quand je crois ma joie être certaine
Et être en haut de mon désir heur[2],
Il me remet en mon premier malheur.

Louise LABÉ, *Œuvres* (1555).

Vous ferez de ce poème un commentaire composé. En examinant attentivement les moyens poétiques utilisés, vous pourrez, par exemple, étudier l'expression du sentiment amoureux.

## ■ 3ᵉ sujet *

Un certain nombre d'œuvres littéraires ou cinématographiques mettent en scène des personnages marginaux (mauvais garçons, courtisanes, parasites, aussi bien que l'aventurier ou le solitaire par choix).

En vous appuyant sur des exemples précis, vous étudierez ce qui fait leur marginalité, et comment à travers eux la société est mise en question.

## POITIERS

Les sujets ont été fournis par l'académie pilote de Nantes.

---

1. Ce monosyllabe signifie « lourd », « pénible ».
2. Ici : « bonheur ».

## REIMS

Les sujets ont été fournis par l'acémie pilote de Nancy-Metz.

## RENNES

Les sujets ont été fournis par l'académie pilote de Nantes.

## ROUEN

Les sujets ont été fournis par l'académie pilote de Lille.

## STRASBOURG

Les sujets ont été fournis par l'académie pilote de Nancy-Metz.

## TOULOUSE

### ■ 1er sujet

C'est sur la confiance que repose toute l'existence de l'homme social. L'inconnu que nous rencontrons n'est pas une menace pour notre personne ou nos biens. Nous voyons en lui, au contraire, un des innombrables *anonymes coopérateurs* qui nous assurent la satisfaction quotidienne de besoins multipliés graduellement au cours des âges.

Nous n'escomptons pas seulement son abstention, comme lorsque nous laissons des objets de prix à la discrétion d'un voisin d'occasion ; mais encore son actif concours à notre bien-être, comme lorsque nous nous reposons sur la diligence d'une foule d'agents pour faire parvenir un message à destination et pour nous procurer à chaque instant ce qui nous est nécessaire.

Notre sûreté est faite de l'admirable régularité avec laquelle nous sont rendus tant de services, par un nombre incalculable de co-sociétaires qui pourtant nous ignorent et que nous ignorons. Parmi lesquels nous-mêmes jouons notre rôle qui doit son efficacité et sa valeur au concert de tous les autres.

L'esprit n'est que trop enclin à l'acceptation passive de cette harmonie, mais, dès qu'il la médite, s'en étonne, l'admire, et reconnaît qu' « Un pour Tous, Tous pour Un » n'est pas la devise d'une vaine Utopie mais la formule de la Société existante.

C'est évidemment une vue superficielle et fausse de se représenter la masse des administrés, des usagers, des consommateurs, servie par des « organes » comme la Police, les Chemins de fer, le Commerce, car ces « organes » ne sont à la vérité que des fonctions assurées par des membres de cette masse. De sorte qu'on doit plutôt envisager l'ordre social comme une merveilleuse composition de millions de trajectoires individuelles. Les fonctions sont régulièrement remplies par les agents, et les usagers régulièrement servis, au prix d'une merveilleuse adhérence de chaque atome social à sa trajectoire propre, d'une merveilleuse fidélité à son comportement propre, dans son double rôle d'agent et d'usager.

Qu'un aiguilleur se départisse une heure de sa conduite normale, quelle catastrophe ! Or son cas n'est pas exceptionnel mais seulement l'un des plus éclatants. Chaque dérèglement particulier cause une perturbation et la machine ne saurait fonctionner qu'autant que les conduites aberrantes ne passent point la marge minime qu'elle est capable d'amortir sans trouble apparent. Un dérèglement général causerait la fin de notre espèce dont chaque unité est incapable de subvenir à ses besoins. Nous en avons tous tellement conscience qu'en présence même des causes perturbatrices les plus colossales nous renouons instinctivement et immédiatement les fils que le bombardement ou l'insurrection ont rompus.

Mais comment donc s'est faite la division des fonctions, comment les hommes ont-ils été classés entre elles, et comment s'est réalisé leur nécessaire ajustement ? [...]

Nous sommes des animaux dressés à la vie sociale. La conscience intelligente de notre intérêt, la peur d'une sanction, ne sont pour nous que des forces complémentaires, utiles pour étouffer quelque impulsion divergente. Mais ces occasions sont rares. Normalement nous nous conduisons en bons semblables, en coopérateurs exacts parce que c'est chez nous une seconde nature, d'ailleurs développée sur un fonds de sociabilité, de bienveillance, qu'on ne doit pas sous-estimer.

Maintenant comment cette nature agit-elle ? Il est audacieux de prétendre l'expliquer ; pourtant il me paraît évident que c'est au moyen d'images. Le *langage vulgaire* donne souvent la clef des opérations psychologiques, et lorsque nous disons « Je ne me vois pas faisant telle chose », nous révélons que nous sommes dirigés par des images de comportement.

Dès l'enfance une foule d'éducateurs contribuent à former en nous ces images. Ce ne sont pas seulement les parents, les instituteurs, les prêtres, les supérieurs. Mais aussi tel condisciple que nous admirons, tel compagnon de travail qui nous entraîne, tel mort dont l'exemple nous exalte. Ce qu'on peut appeler « hérédité sociale » opère ici avec une force incomparable à celle de l'hérédité physique : la famille dans laquelle nous naissons, la patrie à laquelle nous appartenons, la carrière où nous entrons, exercent sur nous une immense suggestion.

Bertrand de JOUVENEL, *Du pouvoir* (1945).

**1.** Vous résumerez le texte au quart de sa longueur, soit 175 mots. Une marge de 10 % en plus ou en moins est admise. Vous indiquerez à la fin de votre résumé le nombre de mots employés. *(8 points)*

**2.** Vous expliquerez le sens que prennent dans le texte les mots et expressions suivants :
— « anonymes coopérateurs »,
— « langage vulgaire ». *(2 points)*.

**3.** « C'est sur la confiance que repose toute l'existence de l'homme social », affirme Jouvenel.
Avez-vous vous-même le sentiment que notre vie sociale repose sur la confiance ? *(10 points)*

## ■ 2ᵉ sujet

J'appuyais tendrement mes joues contre les belles joues de l'oreiller qui, pleines et fraîches, sont comme les joues de notre enfance. Je frottais une allumette pour regarder ma montre. Bientôt minuit. C'est l'instant où le malade qui a été obligé de partir en voyage et a dû coucher dans un hôtel inconnu, réveillé par une crise, se réjouit en apercevant sous la porte une raie de jour. Quel bonheur, c'est déjà le matin ! Dans un moment les domestiques seront levés, il pourra sonner, on viendra lui porter secours. L'espérance d'être soulagé lui donne du courage pour souffrir. Justement il a cru entendre des pas ; les pas se rapprochent, puis s'éloignent. Et la raie de jour qui était sous sa porte a disparu. C'est minuit ; on vient d'éteindre le gaz ; le dernier domestique est parti et il faudra rester toute la nuit à souffrir sans remède.

Je me rendormais, et parfois je n'avais plus que de courts réveils d'un instant, le temps d'entendre les craquements organiques des boiseries, d'ouvrir les yeux pour fixer le kaléidoscope[1] de l'obscurité, de goûter grâce à une lueur momentanée de conscience le sommeil où étaient plongés les meubles, la

---

1. Kaléidoscope : appareil composé de miroirs disposés de façon que de petits objets colorés placés à l'intérieur produisent des dessins variés.

chambre, le tout dont je n'étais qu'une petite partie et à l'insensibilité duquel je retournais vite m'unir.

Marcel PROUST (1871-1922),<br>*Du côté de chez Swann* (1913).

Vous ferez de ce texte un commentaire composé. Vous pourriez faire apparaître les procédés par lesquels le narrateur présente les sensations et les sentiments qui accompagnent son entrée progressive dans le sommeil.

## ■ 3ᵉ sujet *

« L'idée même que la signification d'une œuvre valable puisse être épuisée après deux ou trois lectures est une idée frivole. Pire que frivole : c'est une idée paresseuse », écrivait Claude-Edmonde Magny en 1950 dans *Histoire du roman français depuis 1918*.

En vous appuyant sur des exemples précis que vous emprunterez à la littérature et, éventuellement, à d'autres formes artistiques, vous montrerez pourquoi certains aspects essentiels d'une œuvre ne se livrent que peu à peu et comment l'on peut arriver à déceler des qualités qui avaient de prime abord échappé.

# ANTILLES-GUYANE

## ■ 1ᵉʳ sujet

Au sens propre, le folklore est la totalité de la civilisation populaire en ce qu'elle a de spécifique, mais une bonne part de nos contemporains ne désignent par ce mot que certaines danses traditionnelles en costume de terroir dont le touriste moyen fait son dessert de *couleur locale plus ou moins frelatée*[1]... Pour d'autres, folklore est synonyme de gentillesse, de naïveté bon-enfant, de sous-développement artistique, de nostalgie pastorale, de veillées des chaumières, de retardement intraveineux[2] et, en tout état de cause, de facilité, confusion et pagaille. Et François Mauriac s'indigne d'entendre qualifier la religion de « folklore », tandis que les farfelus les plus échevelés passent pour des personnages « folkloriques » et qu'à propos d'un congrès mal organisé ou d'une contre-vérité flagrante on écrit froidement : c'est du « folklore ».

Ce n'est point par hasard si de tels contresens ont pu s'instaurer au sujet d'un mot assez insolite, je le reconnais, mais auquel le premier reproche adressé, dès son apparition en Angleterre (1846), fut précisément d'être trop scientifique. Il est composé de deux mots anglais : « folk », peuple et « lore », science. Le moins qu'on puisse dire, c'est qu'il ne trompe pas sur la marchandise dès l'instant qu'on se donne la peine d'ouvrir un dictionnaire. Il nous suffira de rappeler les grandes lignes de la définition sur laquelle tous les spécialistes dignes de ce nom sont tombés d'accord : le « folklore », c'est tout ce qui forme la civilisation propre à une population donnée, historiquement et socialement rassemblée sur un territoire défini et se manifestant sous des aspects spirituels et matériels. Les aspects spirituels sont une psychologie collective exprimée par la langue, le dialecte ou le patois, la littérature orale ou écrite, la musique et ses instruments, les danses et les chants, les modes vestimentaires, les jeux et exercices physiques, les fêtes traditionnelles, les croyances et coutumes, les droits et usages juridiques, les traditions sociales. Les aspects matériels sont les techniques de construction d'habitations et de navires, de fabrication d'outils et d'instruments, de métiers artisanaux, de culture et d'élevage, de navigation et de pêche, de nutrition et de médecine populaire.

---

1. Frelater : mêler une substance à une autre pour tromper sur la qualité, altérer.
2. Retardement intraveineux : débilité, arriération physique et mentale.

Tous faits qui, bien qu'en continuelle mouvance, ne cessent d'être marqués par la conscience collective traditionnelle propre à cette population.

En réalité, la majorité de nos contemporains sont des individus folkloriques. Je veux dire par là qu'ils ne peuvent se résoudre à abandonner certaines formes de vie qui correspondent à leurs tendances profondes. Je veux dire aussi que *le folklore est intemporel*. Et je veux dire enfin qu'il est une réaction de défense contre un avenir qui, malgré toutes ses promesses, ne laisse pas d'inquiéter le fils de l'homme. Je dis qu'il est devenu une contestation permanente, ce qu'il n'a jamais été dans le passé. [...]

Le vrai folklore n'a rien à voir avec la mode. Il en est le contraire. Le temps d'une vie ne suffit pas à l'établir. Sa démarche est parfois difficile à suivre. Mais il représente toujours une permanence de l'homme. Or, aujourd'hui, c'est l'humanité même qui joue son destin. Ce qui est montré, dans les fêtes folkloriques, ce sont les images d'une époque où la main prévalait sur la machine, où l'on pouvait boire l'eau des rivières, où l'on n'abattait les arbres que pour le toit ou le feu, où l'on se distinguait des autres par le costume. De nos jours, on détruit froidement le milieu naturel, on n'a d'autre souci que de faire comme tout le monde, c'est-à-dire de se rendre esclaves des mêmes normes de vie imposées par la nouvelle civilisation. Au début de ce siècle, les fêtes folkloriques étaient des manifestations spontanées. Aujourd'hui, elles ne servent plus qu'à représenter certaines valeurs que nous sommes en train de perdre et dont nous savons désormais qu'elles sont essentielles.

Pierre Jakez-Helias, *Le Cheval d'orgueil* (1975).

**1.** Résumez ce texte en 160 mots. Une marge de 10 % en plus ou en moins est admise. Vous indiquerez à la fin du résumé le nombre de mots utilisés. *(8 points)*

**2.** Expliquez en quelques lignes le sens, dans le texte, des expressions suivantes :

— « couleur locale plus ou moins frelatée »,
— « le folklore est intemporel ». *(2 points)*

**3.** Partagez-vous l'opinion de l'auteur lorsqu'il affirme que le folklore est devenu « une contestation permanente » ?
Vous illustrerez vos propos d'exemples précis. *(10 points)*

## ■ 2ᵉ sujet *

Le plus mystérieux d'entre eux était un certain Tac-Tac ainsi nommé à cause de son voum-tac, l'énorme flûte de bambou qu'il portait toujours à l'épaule, suspendue pour l'éternité. C'était un vieux nègre couleur de terre brûlée, avec une figure un peu plate où venaient s'ouvrir deux yeux perdus, qui roulaient sur vous avec surprise et précaution, toujours émerveillés, dans l'étonnement de retrouver bêtes et gens. Il habitait plus loin que les autres, à la tête même de la montagne, une petite cahute logée dans un arbre et à laquelle il accédait par une échelle de corde. Sa petite cahute, sa flûte de bambou, son jardin au creux d'une clairière... il descendait tous les deux mois pour acheter son rhum et il ne fallait pas lui rendre visite, dans l'intervalle, le bougre n'aimait pas ça, ne desserrait les dents pour aucune âme qui vive autour de lui, n'avait pas le temps, disait-il. Mais tous les matins, à peine le soleil surgissait-il dans le haut des arbres, qu'arrivaient sur nous des hululements de flûte et c'était Tac-Tac qui s'envolait devant son immense bambou, les yeux fermés, les veines du cou tendues, c'était Tac-Tac qui commençait à parler, selon son dire, toutes les langues de la terre. Et il soufflait de tout son corps par saccades, longue, brève, brève, longue, brève, longue, longue, longue, longue, longue qui traversaient la voûte de la forêt tout droit pour venir s'engouffrer dans nos poitrines, en frissons, en sanglots, en amour et ça vous soulevait comme ça de terre tout droit, quand vous ouvriez les yeux. Et c'est debout qu'il était, debout devant sa longue flûte de bambou et il n'y avait pas moyen de ne pas l'écouter, car ça ne faisait que rentrer : voum-tac, et ça vous retournait dans le même temps que vous ouvriez les yeux, et c'était ainsi, vous ne pouviez rien y faire, Tac-Tac s'envolait devant son bambou après avoir déversé tout ce qui l'avait rempli, tout ce qu'il avait senti, ce matin-là...

Simone SCHWARZ-BART,
*Pluie et vent sur Télumée-Miracle* (1972).

Vous présenterez un commentaire composé de cette page de prose.

Vous pourrez étudier, par exemple, comment l'auteur a su évoquer l'originalité d'un personnage marginal et la puissance de communication de la musique.

### ■ 3ᵉ sujet

Un critique littéraire contemporain justifie en ces termes son amour des livres :

« Le monde ne se peut réduire à un livre, même très beau. Il faut aussi et surtout regarder directement les choses et les hommes. Mais, quel que soit l'ordre des faits, le livre précédant ou suivant la connaissance directe, il apparaît qu'il demeure l'instrument cardinal de toute assimilation culturelle profonde. »

Bernard GROS, *in Le Guide,* n° 8 (1951).

En prenant appui sur votre propre expérience de lecteur, vous expliquerez et discuterez cette opinion.

## POLYNESIE FRANÇAISE

### ■ 1ᵉʳ sujet

Que l'art s'apparente au jeu, cela n'est pas douteux puisque les deux activités, si on les considère à l'état pur, indépendamment des services qu'elles peuvent rendre, et menées pour le seul plaisir, soit du joueur, soit de l'artiste qui crée et du public qui jouit de l'œuvre, sont également éloignées des seules fins considérées comme sérieuses : l'utile, le vrai, le bien moral et le salut. A ce titre et sans y regarder de plus près, elles appartiennent toutes deux à cette région mal définie de la moindre urgence, de la récréation, du surcroît et du luxe. L'art comme le jeu est une sorte d'affranchissement et, comme lui, il repose sur une illusion consentie. Enfin, les deux activités ont leurs conventions et leurs règles, qu'elles font profession de respecter, leurs sanctions aussi : gagner ou perdre pour le joueur, l'œuvre belle ou manquée pour l'artiste. On ne saurait s'étonner néanmoins que bon nombre d'esthéticiens[1] se soient inquiétés d'un rapprochement qui leur semblait porter atteinte à la dignité de l'art et se soient empressés, de leur côté, d'insister sur les différences et les oppositions. Le jeu est l'accomplissement d'une tendance très générale, commune à l'homme et aux animaux. Il est une forme d'association, il se joue en commun et, s'il fait appel à des qualités individuelles de force ou d'adresse, celles-ci appartiennent à la personne du joueur, sans qu'on puisse dire qu'elles en sont « l'expression ». Il exige peu d'invention. Il ne varie guère et se fixe volontiers, comme une sorte de *rituel*. Il est essentiellement éphémère, entendons par là qu'il ne survit pas à son propre exercice et, qu'une fois terminé, il n'en reste rien. Il est la forme encore fruste du divertissement. On peut proclamer son utilité annexe et ses bienfaits, personne néanmoins n'a jamais songé à l'ériger en valeur. On s'accorde inversement à doter l'art de caractères beaucoup plus relevés. S'il procède, lui aussi, de tendances naturelles, elles sont proprement humaines et n'ont pas d'équivalent chez l'animal. L'art appelle déjà, parmi les hommes, une sélection ; il résulte d'une vocation et contribue à constituer une élite. Il n'est pas une activité de groupe, au moins pour l'essentiel, et procède de la personne en ce qu'elle a d'intime et d'original. Les qualités qu'il exige, y compris l'habileté physique et manuelle, sont toutes commandées par l'esprit

---

1. Esthéticiens : philosophes qui réfléchissent sur l'art.

en tant qu'il vise l'expression. L'invention dans l'art est, à ce point, première qu'on l'appelle communément création. Les combinaisons du jeu sont peu de chose et ses règles bien simples quand on les compare à la multiplication et à la diversité des formes artistiques. Sans doute sont-elles aussi soumises à des règles, mais beaucoup plus souples et telles qu'elles ne gênent en rien la liberté de l'expression. Que de poèmes peuvent prendre place dans le cadre de la rime et de l'alexandrin ! Et quel lyrisme authentique se manifeste encore hors de la règle et dans la forme du vers libre ! C'est pourquoi, loin de se fixer, l'art est en constante évolution. Mais surtout, si l'activité ludique se dépense et se termine à son exercice, l'art, au contraire, vise toujours l'œuvre stable et durable, l'objet de beauté. C'est à ce titre que le philosophe l'inclut à son rang dans le monde des valeurs. Sans doute l'opposition du jeu à la vie sérieuse n'est pas aussi complète qu'il le semble d'abord, soit qu'il serve à libérer des énergies non employées [...], soit qu'il constitue [...] un préexercice des instincts (explication certainement valable pour les jeux des animaux, déjà moins pour ceux des enfants et qui justifie mal les jeux adultes), soit enfin qu'à titre simplement récréatif, comme diversion physique et mentale, il exerce *une fonction compensatrice* utile. Il peut même s'élever jusqu'à l'art dans les formes collectives où il y a à la fois jeu et public, manifestation de fête ou de célébration, proche du théâtre et qui n'exclut pas le cérémonial.

Camille SCHUWER, *Les Deux Sens de l'art,* PUF (1962).

**1.** Vous résumerez le texte en 180 mots. Une marge de 10 % en plus ou en moins est admise. Vous indiquerez à la fin de votre résumé le nombre de mots employés. *(8 points)*

**2.** Expliquez le sens dans le texte du mot et de l'expression en italique :
— « rituel »,
— « une fonction compensatrice ». *(2 points)*

**3.** Considérez-vous que l'art appartienne au domaine de « la moindre urgence, de la récréation, du surcroît et du luxe » ? *(10 points)*

## ■ 2ᵉ sujet

*Au début de sa nouvelle, Maupassant réunit dans une diligence plusieurs personnages qui fuient l'envahisseur prussien. Parmi ces personnages, Cornudet.*

L'homme, bien connu, était Cornudet, le démoc, la terreur des gens respectables. Depuis vingt ans il trempait sa barbe rousse dans les bocks de tous les cafés démocratiques. Il avait mangé avec les frères et amis une assez belle fortune qu'il tenait de son père, ancien confiseur, et il attendait impatiemment la République pour obtenir enfin la place méritée par tant de consommations révolutionnaires. Au quatre septembre[1], par suite d'une farce peut-être, il s'était cru nommé préfet ; mais quand il voulut entrer en fonctions, les garçons de bureau, demeurés seuls maîtres de la place, refusèrent de le reconnaître, ce qui le contraignit à la retraite. Fort bon garçon du reste, inoffensif et serviable, il s'était occupé avec une ardeur incomparable d'organiser la défense. Il avait fait creuser des trous dans les plaines, coucher tous les jeunes arbres des forêts voisines, semé des pièges sur toutes les routes, et, à l'approche de l'ennemi, satisfait de ses préparatifs, il s'était vivement replié vers la ville. Il pensait maintenant se rendre plus utile au Havre, où de nouveaux retranchements allaient être nécessaires.

Guy de Maupassant, *Boule de suif* (1880).

Vous ferez de ce texte un commentaire composé. Vous pourrez, par exemple, par une analyse précise des moyens

---

1. 4 septembre 1870 : chute du Second Empire et proclamation d'un gouvernement républicain de Défense nationale.

d'expression, étudier la manière dont l'auteur présente Cornudet, et caractériser le regard qu'il porte sur ce personnage.

## ■ 3ᵉ sujet

« Flaubert écrivait le nouveau roman de 1860, Proust le nouveau roman de 1910. L'écrivain doit accepter avec orgueil de porter sa propre date », affirme un romancier contemporain.

En vous appuyant sur des exemples précis empruntés à la littérature et éventuellement à toute forme d'expression artistique, vous commenterez ces lignes en vous demandant comment une œuvre qui a survécu reste inséparable de son époque.

# ABU DHABI

*(Ces sujets ont également été donnés dans les centres suivants : Italie, Koweit, Portugal, Turquie.)*

## ■ 1ᵉʳ sujet

La mode est un phénomène social. Pour Robinson il n'y a pas de mode : tant qu'il est pressé par le besoin, il se couvre comme il peut, avec des feuilles ou des peaux de bêtes. Peut-être n'éprouverait-il même pas ce besoin s'il pouvait retourner à l'animalité ; mais il est né vulnérable au froid et au chaud : parce qu'il est né prématuré, ou parce qu'il a été élevé dans une société où la règle de s'habiller a engendré le besoin de se couvrir ? Comment discerner ici le naturel et le culturel ? En tout cas, Robinson se vêt. A supposer que les peaux soient assez disponibles, il pourra exercer son choix ; mais là encore, il n'obéira pas à une mode : il suivra simplement son goût. Imaginons maintenant une société archaïque ; là non plus, pas de couturiers, grands ou petits ; si chaque individu se vêt de la même façon, ce n'est pas en vertu d'une mode, c'est en vertu d'une tradition, liée à toute une vision du monde, en sorte que chaque élément du costume — à la fois protection et parure — assume une fonction symbolique [1].

Nous pressentons donc que la mode présuppose un certain régime de la production et de la consommation : une division du travail assez poussée pour que le vêtement soit l'affaire de certains spécialistes qui lancent la mode, une consommation assez opulente pour que la clientèle puisse suivre, au-delà de la satisfaction du besoin, ou plutôt pour satisfaire un besoin artificiellement suscité. Car la mode soumet la clientèle à *l'arbitraire d'un changement constant :* [...] le nouveau ne cesse d'exclure l'ancien, la seule mode est toujours la dernière mode, le dernier cri. Ne vous lassez jamais d'acheter, le profit le requiert ; et ne dites pas que c'est impossible : la mode est à la portée de toutes les bourses. Sa fonction n'est pas en effet de provoquer une compétition et de signifier le standing d'une élite, comme peut le faire le manteau de zibeline [2] ou la Rolls. Loin de discerner ou encore de singulariser, la mode intègre ; le modèle qu'elle impose est un uniforme, qui uniformise. Et c'est ainsi qu'elle valorise d'abord l'individu : elle assure qu'il accepte les règles du jeu, qu'il n'est pas un déviant. Pourtant, lorsque le costume signifie l'appartenance à un groupe déterminé, comme pour l'habit militaire ou religieux, peut-on encore parler de mode ? Non, dans la mesure où le costume est proprement obligatoire et immuable. C'est là qu'on saisit la différence entre société traditionnelle et société de consommation : si le vêtement a la même fonction dans les deux systèmes, il en assume encore une autre dans les sociétés modernes : source de profit, il stimule la consommation en imposant le changement perpétuel ; qui suit la mode n'est pas seulement de son lieu, mais de son temps. Et

---

1. Dans les sociétés de type archaïque, le vêtement est le signe extérieur de la position et de la personnalité de celui qui le porte.
2. Zibeline : fourrure très estimée.

c'est pourquoi — *horresco referens*[1] — le vêtement religieux lui-même a récemment accepté l'*aggiornamento*[2]. Mais nous avons aujourd'hui une autre occasion d'observer *la puissance de récupération* du système : lorsque les groupes qui se veulent marginaux inventent une anti-mode — par exemple hippie — ce marginalisme est vite absorbé, et l'anti-mode devient la mode. Peut-être parce que, à l'intérieur d'un groupe qui voulait s'affirmer en se singularisant, l'anti-mode était encore ou déjà une mode. Seule la non-mode est peut-être irrécupérable : l'indifférence qui ne se laisse pas entamer (alors que l'excentricité est encore un consentement : qui se singularise reconnaît la généralité de la mode, et ne la combat que sur son propre terrain).

Mikel DUFRENNE, « La science et l'art au goût du jour », revue *Traverses* (février 1976).

**1.** Vous résumerez le texte en 165 mots. Une marge de 10 % en plus ou en moins est admise. Vous indiquerez à la fin de votre résumé le nombre de mots employés. *(8 points)*

**2.** Expliquez le sens dans le texte des expressions en italique :
— « l'arbitraire d'un changement constant ».
— « la puissance de récupération ». *(2 points)*

**3.** « Loin de discerner ou encore de singulariser, la mode intègre ; le modèle qu'elle impose est un uniforme, qui uniformise », affirme Mikel Dufrenne. Qu'en pensez-vous ? *(10 points)*

## ■ 2ᵉ sujet *

*Lassé de « l'agitation des terres humaines », le narrateur s'est réfugié à Saint-Maurice dans les Alpes. Au cours d'une excursion*

---

[1]. *Horresco referens :* « Je frémis en le racontant » (Virgile, *Enéide*). Expression employée ici de manière plaisante.
[2]. *Aggiornamento :* terme italien qui désigne l'adaptation de la tradition de l'Eglise à l'évolution du monde actuel.

*en montagne, il découvre ce qu'il appelle lui-même « un monde nouveau ».*

La journée était ardente, l'horizon fumeux, et les vallées vaporeuses. L'éclat des glaces remplissait l'atmosphère inférieure de leurs reflets lumineux ; mais une pureté inconnue semblait essentielle à l'air que je respirais. A cette hauteur, nulle exhalaison des lieux bas, nul accident de lumière ne troublaient, ne divisaient la vague et sombre profondeur des cieux. Leur couleur apparente n'était plus ce bleu pâle et éclairé, doux revêtement des plaines, agréable et délicat mélange qui forme à la terre habitée une enceinte visible où l'œil se repose et s'arrête. Là l'éther indiscernable laissait la vue se perdre dans l'immensité sans bornes ; au milieu de l'éclat du soleil et des glaciers, chercher d'autres mondes et d'autres soleils comme sous le vaste ciel des nuits ; et par-dessus l'atmosphère embrasée des feux du jour, pénétrer un univers nocturne.

Insensiblement des vapeurs s'élevèrent des glaciers et formèrent des nuages sous mes pieds. L'éclat des neiges ne fatigua plus mes yeux, et le ciel devint plus sombre encore et plus profond. Un brouillard couvrit les Alpes ; quelques pics isolés sortaient seuls de cet océan de vapeurs ; des filets de neige éclatante, retenus dans les fentes de leurs aspérités, rendaient le granit plus noir et plus sévère. Le dôme neigeux du mont Blanc élevait sa masse inébranlable sur cette mer grise et mobile, sur ces brumes amoncelées que le vent creusait et soulevait en ondes immenses. Un point noir parut dans leurs abîmes ; il s'éleva rapidement, il vint droit à moi ; c'était le puissant aigle des Alpes, ses ailes étaient humides et son œil farouche ; il cherchait une proie, mais à la vue d'un homme il se mit à fuir avec un cri sinistre, il disparut en se précipitant dans les nuages.

SENANCOUR (1770-1846), *Oberman* (1804), Lettre VII.

Vous ferez de ce texte un commentaire composé. Vous pourrez, par exemple, analyser les éléments caractéristiques de cette description et montrer ce qu'elle révèle des sentiments et des désirs du narrateur.

## ■ 3ᵉ sujet

A la fin du xixᵉ siècle, Oscar Wilde écrivait dans la préface au *Portrait de Dorian Gray* : « L'appellation de livre moral ou immoral ne répond à rien. Un livre est bien écrit ou mal écrit. Et c'est tout. [...] L'artiste peut tout exprimer. » (*Le Portrait de Dorian Gray,* traduction Jaloux-Fraperau, Stock, 1925, p. 10).

A l'aide d'exemples précis, et sans vous limiter forcément à la littérature, vous commenterez et discuterez cette opinion.

# AMERIQUE DU NORD

## ■ 1ᵉʳ sujet *

*Le texte ci-dessous est extrait d'une conférence prononcée en 1935 par Paul Valéry (1871-1945) et consacrée en partie à l'enseignement.*

Les préoccupations dominantes semblent être de donner aux enfants une culture disputée entre la tradition dite classique, et le désir naturel de les initier à l'énorme développement des connaissances et de l'activité modernes. Tantôt une tendance l'emporte, tantôt l'autre ; mais jamais, parmi tant d'arguments, jamais ne se produit la question essentielle :
— Que veut-on et que faut-il vouloir ?
C'est qu'elle implique une décision, un parti à prendre. Il s'agit de se représenter l'homme de notre temps, et cette idée de l'homme dans le milieu probable où il vivra doit être d'abord établie. Elle doit résulter de l'observation précise, et non du sentiment et des préférences des uns et des autres, — de leurs

espoirs politiques, notamment. Rien de plus coupable, de plus pernicieux et de plus décevant que la politique de parti en matière d'enseignement. Il est cependant un point où tout le monde s'entend, s'accorde déplorablement. Disons-le : l'enseignement a pour objectif réel, le diplôme.

Je n'hésite jamais à le déclarer, le diplôme est l'ennemi mortel de la culture. Plus les diplômes ont pris d'importance dans la vie (et cette importance n'a fait que croître à cause des circonstances économiques), plus le rendement de l'enseignement a été faible. Plus le contrôle s'est exercé, s'est multiplié, plus les résultats ont été mauvais.

Mauvais par ses effets sur l'esprit public et sur l'esprit tout court. Mauvais parce qu'il crée des espoirs, des illusions de droits acquis. Mauvais par tous les stratagèmes et les subterfuges qu'il suggère ; les recommandations, les préparations stratégiques, et, en somme, l'emploi de tous expédients pour franchir le seuil redoutable. C'est là, il faut l'avouer, une étrange et détestable initiation à la vie intellectuelle et civique.

D'ailleurs, si je me fonde sur la seule expérience et si je regarde les effets du contrôle en général, je constate que le contrôle, en toute matière, aboutit à vicier l'action, à la pervertir... Je vous l'ai déjà dit : dès qu'une action est soumise à un contrôle, le but profond de celui qui agit n'est plus l'action même, mais il conçoit d'abord la prévision du contrôle, la mise en échec des moyens de contrôle. Le contrôle des études n'est qu'un cas particulier et une démonstration éclatante de cette observation très générale.

Le diplôme fondamental, chez nous, c'est le baccalauréat. Il a conduit à orienter les études sur un programme strictement défini et en considération d'épreuves qui, avant tout, représentent, pour les examinateurs, les professeurs et les patients, une perte totale, radicale et non compensée, de temps et de travail. Du jour où vous créez un diplôme, un contrôle bien défini, vous voyez aussitôt s'organiser en regard tout un dispositif non moins précis que votre programme, qui a pour but unique de conquérir ce diplôme par tous moyens. Le but de l'enseignement n'étant plus la formation de l'esprit, mais l'acquisition du diplôme, c'est le minimum exigible qui devient l'objet des études. Il ne s'agit plus d'apprendre le latin, ou le grec, ou la géométrie. Il s'agit d'emprunter, et non plus d'acquérir, d'emprunter ce qu'il faut pour passer le baccalauréat.

Ce n'est pas tout. *Le diplôme donne à la société un fantôme de garantie, et aux diplômés des fantômes de droits.* Le diplômé passe officiellement pour savoir : il garde toute sa vie ce brevet d'une science momentanée et purement expédiente. D'autre part, ce diplômé au nom de la loi est porté à croire qu'on lui doit quelque chose. Jamais convention plus néfaste à tout le monde, à l'Etat et aux individus (et, en particulier, à la culture), n'a été instituée. C'est en considération du diplôme, par exemple, que l'on a vu se substituer à la lecture des auteurs l'usage des résumés, des manuels, des comprimés de science extravagants, les recueils de questions et de réponses toutes faites, extraits et autres abominations. Il en résulte que plus rien dans cette culture adultérée ne peut aider ni convenir à la vie d'un esprit qui se développe.

Paul VALÉRY, *Le Bilan de l'intelligence* (1935).

**1.** Ce texte comporte 700 mots, vous le résumerez en 175 mots. Une tolérance de plus ou moins 10 % sera admise. Vous indiquerez obligatoirement à la fin de votre résumé le nombre exact de mots utilisés. *(8 points)*

**2.** Expliquez le sens, dans le texte, de la phrase en italique : « Le diplôme donne à la société un fantôme de garantie, et aux diplômés des fantômes de droits. » *(2 points)*

**3.** L'auteur déclare avec force que « le diplôme est l'ennemi mortel de la culture ». Comment comprenez-vous ce point de vue ? Le partagez-vous ?

Vous organiserez votre discussion et la fonderez sur des exemples précis. *(10 points).*

## ■ 2ᵉ sujet

*Né en 1909 à Saint-Florent-le-Vieil (Maine-et-Loire) Julien Gracq évoque dans* Les Eaux étroites, *œuvre écrite en 1977, des souvenirs d'enfance liés à des promenades en barque sur l'Evre.*

Le vallon dormant de l'Evre, petit affluent inconnu de la Loire qui débouche dans le fleuve à quinze cents mètres de Saint-Florent, enclôt dans le paysage de mes années lointaines un canton privilégié, plus secrètement, plus somptueusement coloré que les autres, une réserve fermée qui reste liée de naissance aux seules idées de promenade, de loisir et de fête agreste. Ce qui constituait d'abord pour moi, il me semble, sa singularité, c'était que l'Evre, comme certains fleuves fabuleux de l'ancienne Afrique, n'avait ni source ni embouchure qu'on pût visiter. Du côté de la Loire, un barrage noyé, fait de moellons bruts culbutés en vrac, et qu'on pouvait traverser à sec en été vers l'Ile aux Bergères, empêche de remonter la rivière à partir du fleuve ; un fouillis de frênes, de peupliers et de saules cernait le lacis des bras au-delà du barrage, et décourageait l'exploration vers l'aval. Vers l'amont, à cinq ou six kilomètres, un barrage de moulin, à Coulènes, interdit aux barques de remonter plus avant. Aller sur l'Evre se trouvait ainsi lié à un cérémonial assez exigeant qu'il convenait de prévoir un jour ou deux à l'avance : le temps d'alerter dans un café du Marillais[1] la tenancière et de retenir l'unique bachot[2] centenaire — bancal, délabré, vermoulu, cloqué de goudron, et parfois dépourvu de gouvernail — qu'elle gardait cadenassé près du barrage et prêtait aux consommateurs de son établissement ; en guise de tolets[3], la tige des avirons dépareillés coulissait dans un nœud d'osier. La brûlure piquante et assoiffante de la limonade tiède reste par là inséparable dans

---
1. Marillais : village au bord de l'Evre.
2. Bachot : petite barque à fond plat et à rames.
3. Tolet : pièce de bois ou de fer fixée au bord d'une barque et qui sert d'appui à la rame.

mon souvenir des préparatifs de l'appareillage : je la retrouve intacte sur ma langue quand je relis le récit du pique-nique au bord du Cher dans le *Grand Meaulnes*. Là comme au Marillais elle fait exploser encore contre mon palais je ne sais quel goût exotique et perdu de jeudi carillonné et de frairie[1] modeste.

Julien GRACQ, *Les Eaux étroites*.

Vous ferez de ce passage un commentaire composé ; vous pourrez étudier, par exemple, la façon dont se mêlent, dans ce texte, le passé et le présent, la sensation et le souvenir, l'humour et l'émotion.

## ■ 3ᵉ sujet

Dans ses *Réflexions sur le roman,* publiées en 1938, le critique Albert Thibaudet distingue les « lecteurs » qui « ne demandent au roman qu'une distraction, un rafraîchissement, un repos de la vie courante » et les « liseurs » pour qui le roman existe « non comme un divertissement accidentel, mais comme une fin essentielle ».

En vous fondant sur votre expérience personnelle et en vous aidant d'exemples précis, vous direz ce que vous pensez d'une telle distinction.

# AMERIQUE DU SUD-ESPAGNE

## ■ 1ᵉʳ sujet

### L'AVENTURE AUJOURD'HUI

Les voyages sont organisés, l'aventure ne l'est pas. On la rencontre par hasard quand on s'écarte des routes fréquentées.

---

1. Frairie : fête patronale d'un village dans l'Ouest de la France.

## Amérique du Sud-Espagne

Mais aujourd'hui tous les ports sont signalés et les vents qui soulèvent des tempêtes ne poussent plus les embarcations vers des terres inconnues. Les rescapés se font passer pour des aventuriers, les casse-cou pour les descendants d'Ulysse, les imprudents pour des compagnons de Robinson Crusoë. Drôles d'aventures modernes, simulacres de ce qui, autrefois, s'inscrivait en lettres d'or sur le livre de l'humanité.

On part toujours. Plus encore. N'importe où, par n'importe quel temps. On souffre — ah ! ça, on souffre — on gèle, on brûle. On vit même sous la tente. Puis on rentre trouver son éditeur pour publier ses carnets de bord. Partir ne suffit pas pour commencer une aventure, même si les sensations qu'on éprouve à s'être mis volontairement dans le pétrin ressemblent aux grands effrois des premiers navigateurs. On cherche l'aventure bien plus qu'on ne la subit. En voilà un qui reste suspendu dix nuits là-haut sur la paroi : un hélicoptère le sauve. Un autre s'épuise à ne pas mourir de soif : une Land-Rover passe par là. Quelle aventure !

Quelle aventure ? Chemins détournés — exprès — vieux sentiers abandonnés, terres hostiles (à cause de cela dépeuplées), l'aventurier moderne pose le pied dans l'inconfort. C'est qu'il veut se donner des preuves, aller, comme on dit au-delà de ses limites — ce qui est parfois mortel — quand ce n'est pas conquérir l'inutile. L'aventure se conçoit comme une musculation du mental, une gymnastique du caractère. On s'y trempe, c'est devenu l'itinéraire subjectif ; elle est réduite au récit qu'on en fera plus tard ou à l'image de soi qu'on en rapportera pour soi-même. Elle peut être au bout de la rue, au fond de son lit, au fin fond du Sahara : autant dire nulle part. Appelées de tous les noms, « Paris-Dakar », « Aile volante », « Concours du plus gros mangeur », « Traversée de l'Atlantique à la rame », les aventures les plus belles devraient à présent figurer au livre des records. Des performances souvent solitaires et qui soulèvent pourtant l'enthousiasme des foules.

Une société opulente qui s'ennuie susciterait donc tant de vocations d'aventuriers ! Ils aiment le voyage, l'exploit, mais comment pourraient-ils aimer l'aventure quand les aventuriers eux-mêmes — les vrais — s'en seraient volontiers passés ? « Si la route des Indes pouvait être plus courte ! » devait se dire Christophe Colomb à mille milles des Amériques. Pour le reste, il ne comptait que sur son courage. Lui, il pensait au trésor de Golconde [1] et son aventure extraordinaire n'est que l'histoire des obstacles successifs qui l'empêchaient d'atteindre ce but. Il n'y a pas d'aventure pour l'aventure, les hasards de la route ne se balisent pas et les chemins de l'aventure sont, au départ, des chemins creux. Qui pourrait alors, sans être un peu escroc, se prétendre aventurier de profession ?

Même l'appel des lointains, la curiosité de toutes choses, l'indifférence devant le danger, ne suffisent pas pour garantir une véritable aventure. Il faut encore un contretemps. Lorsqu'en 1970 les astronautes d'Apollo XIII partirent en mission dans l'espace, ils ne se considéraient certainement pas comme des aventuriers. Ils le devinrent par la force des choses quand ils parvinrent à reprendre la barre de leur vaisseau à la dérive et à remettre le cap sur la Terre.

Les fausses aventures pour lesquelles nous nous enthousiasmons aujourd'hui feraient oublier les destinées des rares héros qui sont capables de se jeter dans ce qui reste d'inconnu. Les astronautes, qui ne marchaient pas au suicide, responsables et conscients, ni aventuriers ni aventureux, auraient sans doute préféré éviter l'imprévu, cet imprévu tellement excitant aujourd'hui qu'il figure même au catalogue des agents de voyage.

Vraie, fausse aventure ? Comment juger une notion qui peut aller désormais de l'exploit sportif au pari stupide ? Mot galvaudé, mais valorisant, étendu dans tous les sens, et qui finit par recouvrir tout ce qu'on désire lui faire nommer : aventure amoureuse, aventure de l'artiste... Mot-coquille où l'on fait

---

1. Golconde : ancienne cité de l'Inde (Dekkan), célèbre pour ses diamants ainsi que pour son école de peinture. Le royaume de Golconde eut en Occident une réputation de richesse légendaire.

entrer le meilleur et le pire, qui auréole de force, d'intrépidité, de conquête, bien des efforts solitaires et absurdes et bien des « coups de pub ».

Christian COLOMBANI,<br>
*Le Monde. Dossiers et documents,* juillet-août 1986.

**1.** Vous proposerez de ce texte un résumé en 180 mots. Une marge de 10 % en plus ou en moins sera admise. Vous indiquerez sur votre copie le nombre de mots que vous aurez employés. *(8 points)*

**2.** Vous expliquerez, en ne négligeant pas leur contexte :
— « simulacres » (premier paragraphe) ;
— « gymnastique du caractère » (troisième paragraphe).

**3.** L'auteur s'interroge sur la vraie et la fausse aventure. Vous direz ce qui constitue pour vous la véritable aventure.

## ■ 2ᵉ sujet *

Amour de ma mère. Jamais plus je n'aurai auprès de moi un être parfaitement bon. Mais pourquoi les hommes sont-ils méchants ? Que je suis étonné sur cette terre. Pourquoi sont-ils si vite haineux, hargneux ? Pourquoi adorent-ils se venger, dire vite du mal de vous, eux qui vont bientôt mourir, les pauvres ? Que cette horrible aventure des humains qui arrivent sur cette terre, rient, bougent, puis soudain ne bougent plus, ne les rende pas bons, c'est incroyable. Et pourquoi vous répondent-ils si vite mal, d'une voix de cacatoès, si vous êtes doux avec eux, ce qui leur donne à penser que vous êtes sans importance, c'est-à-dire sans danger ? Ce qui fait que des tendres doivent faire semblant d'être méchants, pour qu'on leur fiche la paix, ou même, ce qui est tragique, pour qu'on les aime. Et si on allait se coucher et affreusement dormir ? Chien endormi n'a pas de puces. Oui, allons dormir, le sommeil a les avantages de la mort sans son petit inconvénient. Allons nous installer dans l'agréable cercueil.

Comme j'aimerais pouvoir ôter, tel l'édenté son dentier qu'il met dans un verre d'eau près de son lit, ôter mon cerveau de sa boîte, ôter mon cœur trop battant, ce pauvre bougre qui fait trop bien son devoir, ôter mon cerveau et mon cœur et les baigner, ces deux pauvres milliardaires, dans des solutions rafraîchissantes tandis que je dormirais comme un petit enfant que je ne serai jamais plus. Qu'il y a peu d'humains et que soudain le monde est désert.

Albert COHEN, *Le Livre de ma mère* (1954).

Vous ferez de ce fragment d'autobiographie un commentaire composé que vous organiserez à votre gré. Vous pourriez montrer, par exemple, comment le souvenir de l'amour de la mère révèle douloureusement la dureté, la pauvreté et la vanité du monde et des attitudes humaines.

## ■ 3ᵉ sujet

« Il faudrait qu'un bon écrivain soit commun et pourtant rare, monotone et surprenant, uni et parfois abrupt. C'est dire qu'il faudrait pouvoir imiter la nature qui nous présente ces deux caractères d'être simple, solide, ferme et toutefois de faire apparaître, au tournant du chemin, quelque chose qui étonne. »

En vous fondant sur votre expérience de lecteur, vous commenterez cette citation de l'académicien Jean Guitton, et vous direz ce qu'est, pour vous, « un bon écrivain ».

## CANBERRA

*(Ces sujets ont également été donnés dans les centres suivants : Japon, Hong-Kong, Singapour.)*

## ■ 1er sujet

Beaucoup de jeunes observent ou ressentent vaguement que la boulimie[1] de l'« avoir plus » étouffe chaque jour le souci d'« être plus », fondement de toute sagesse. Ils voient que l'expression même de « mieux-être » n'est plus comprise aujourd'hui que dans son acception économique de plus grande possession, de plus grande consommation, et ils refusent sciemment ou inconsciemment de perpétuer ce système. Ils pressentent on ne sait quelle catastrophe prochaine, et ils s'installent dans le refus. Ils s'angoissent des développements exponentiels[2] de l'économie, et ils se replient dans l'indifférence, l'incuriosité et le narcissisme. Les nouveaux adolescents n'ont plus rien de commun avec ceux de la « crise de génération » du premier demi-siècle, les enfants terribles de Cocteau. Les nouveaux « enfants terribles » sont aujourd'hui les solitaires, les zombies[3] affectifs des films de Maurice Pialat.

Car, bien évidemment, avec cet effritement progressif de toute confiance dans le progrès, c'est aussi le sentiment d'une vocation universaliste des valeurs éthiques et politiques de l'Occident qui s'effondre : si la raison technicienne de l'Occidental apparaît aux regards neufs de la jeunesse comme étouffée par l'économisme et la boulimie d'objets, si l'escalade technologique de nos sociétés en vient à être assimilée par beaucoup d'entre eux — qui ne sont pas les moins conscients — à une « maladie mentale dévorant l'énergie de l'homme »[4] jusqu'au paroxysme vertigineux du nucléaire, alors c'est à l'évidence tout un projet millénaire de civilisation qui est mis en question, et récusé. C'est le sens même de notre histoire qui est perdu pour des

---

1. Boulimie : faim excessive.
2. Exponentiel : dont l'exposant est variable ou inconnu. Par extension : malaisé à connaître ou à prévoir.
3. Zombie : fantôme, revenant, dans les croyances populaires des Antilles.
4. Citation d'Alberto Moravia.

millions de jeunes hommes qui se détachent, comme arrachés par une sorte de fatalité, du long rameau dont ils sont issus.

Encore une fois, je ne me préoccupe pas de savoir si le jugement implicitement porté sur un monde qui se décompose par tous ceux qui le fuient est un jugement fondé. Il y a, dans ce refus critique, beaucoup de bêtise et de noblesse, de générosité et de paresse, d'intuition et d'ignorance. Je n'en ferai pas ici le décompte. D'autant que ce jugement porté sur l'ordre ancien est rarement conscient ou conceptualisé par la masse : il s'observe plus dans des comportements que dans des idées popularisées. Ensuite, le mutant que je suis n'est pas bien disposé à porter un jugement idéologique sur la mutation qui l'emporte.

Pour l'heure, la description suffit à m'occuper : ce que j'aperçois ces jours-ci par exemple, c'est avec cette rupture de la tradition la disparition du passé comme composante intime, vivante, présente dans la trame de notre temps. On m'objectera évidemment ces incessantes bouffées de nostalgie qui règlent nos modes, cette préoccupation du passé qui emplit tant de spectacles et de représentations de notre vie. Mais justement, il me semble que ce passé-là est « mort ». Nous le visitons, il ne nous habite plus. Il fait l'objet d'une sorte de curiosité, voire d'appétit muséologique qu'expriment, par exemple, le goût pour l'Histoire, et ces temps-ci la redécouverte (heureuse) d'époques méconnues comme le Moyen Age. L'exposition Manet draine autant de public qu'un James Bond au cinéma, mais ces pèlerinages massifs ont pour les pèlerins un air d'inventaire. Comme si les processionnaires du Grand Palais[1] venaient, dans le désarroi des esprits, faire, dans le passé, la petite cure d'identité culturelle que l'art vivant leur refuse.

---

1. Grand Palais : édifice de Paris, qui accueille d'importantes expositions.

Ce passé-là n'est plus vécu, transmis, intégré au tissu
intime de nos pensées, de nos actes. Une chaîne s'est
rompue. Nous sommes de moins en moins les fils de nos
pères.

Claude IMBERT, *Ce que je crois*. (1984).

**1.** Vous résumerez le texte en 160 mots. Une marge de 10 %
en plus ou en moins est admise. Vous indiquerez à la fin de votre
résumé le nombre de mots employés. *(8 points)*

**2.** Expliquez le sens, dans le texte, des expressions suivantes :
— « appétit muséologique ». (lignes 54-55),
— « cure d'identité culturelle ». (ligne 62). *(2 points)*

**3.** « Nous sommes de moins en moins les fils de nos pères. »
Partagez-vous l'avis de Claude Imbert ? *(10 points)*

## ■ 2ᵉ sujet

*Jacques Vingtras, étudiant pauvre, à la recherche d'un peu
d'argent, doit se présenter chez un homme du monde, Monsieur
Joly, qui cherche un « jeune garçon bien tourné » pour donner des
cours.*

Je marche comme je peux — avec des airs bien équivoques ! Je
finis par arriver à la maison où l'on attend un professeur, qui ait
l'air comme il faut et bien tourné...
Je sonne. Oh ! je crois que la bretelle a craqué !
« Monsieur Joly.
— C'est ici.
— Y est-il ? »
Ah ! s'il pouvait ne pas y être !
Il y est : il arrive. Est-ce le fils difficile ? est-ce le père
insouciant [1] ?

---

1. On a prévenu Jacques Vingtras que le fils serait plus exigeant sur sa tenue
que le père.

C'est le fils !
— Vous venez pour la leçon ?
Je ne réponds pas ! Quelque chose a sauté en dessous...
Le monsieur attend.
Je me contente d'un signe.
— Vous avez déjà enseigné ?
Nouveau signe de tête très court et un « oui, monsieur », très sec. Si je parle, je gonfle — on gonfle toujours un peu en parlant. Cet homme ne se doute pas de ce qu'il est appelé à voir si le paletot craque[1].
Il continue à parler tout seul.
— Je voudrais, monsieur, — mais prenez donc la peine de vous asseoir, j'ai besoin de vous expliquer mon intention...
Je m'assieds tout juste ! C'est encore trop ! une épingle s'est défaite par derrière.
Il m'expose son plan.
— Quelques mères s'adonnent à l'éducation de leurs enfants jusqu'à l'héroïsme. Elles regrettent de ne pas savoir les langues mortes pour pouvoir suivre les travaux du collège. J'ai pensé créer un cours, où un garçon du monde habitué aux belles manières leur donnerait, avec grâce, des leçons de latin, même de grec. Je sais ce qu'en vaut l'aune[2], vous pensez bien, mais il y a là une idée qui peut séduire, pendant quelque temps des jeunes mères amoureuses de leurs petits.
Le sang est venu sous mon épingle, je dois avoir rougi le fauteuil...
Il faut cependant que je réponde quelque chose !...
— Sans doute...
Je m'arrête, l'épingle s'est mise en travers — c'est affreux ! Je remue la tête, la seule chose que je puisse remuer sans trop de danger.
— Eh bien ! monsieur, vous réfléchirez... Vous me paraissez

---

1. Jacques Vingtras a dû, pour se présenter décemment devant M. Joly, emprunter à un camarade un pantalon rafistolé, à un autre un paletot trop juste.
2. « Je sais ce qu'en vaut l'aune » : j'en mesure les difficultés.

sobre de gestes et de paroles... c'est ce que j'aime. Nous pouvons nous entendre... C'est dix francs le cachet[1] de deux heures. Les dames fixeront le jour. »

   Jules VALLÈS (1833-1885), *Le Bachelier* (1881).

Vous ferez de ce texte de Jules Vallès un commentaire composé. Vous pourrez, par exemple, montrer comment ce récit cocasse, riche de significations humaines, laisse apparaître une satire sociale, à travers les sentiments et les réactions des deux personnages.

Mais ces indications ne sont pas contraignantes et vous avez toute latitude pour orienter votre lecture en fonction de l'intérêt que vous portez personnellement à tel ou tel aspect du texte.

## ■ 3ᵉ sujet

Jean-Claude Grumbach, scénariste et dramaturge contemporain, confie à un journaliste qu'il observe le monde « avec un œil sur le sordide, un œil sur le sublime ».

En vous appuyant sur les œuvres que vous connaissez, sans vous limiter nécessairement au théâtre ou au cinéma, vous préciserez dans quelle mesure cette affirmation d'un créateur peut rendre compte aussi de votre expérience personnelle de lecteur et de spectateur.

---

1. Cachet : prix de la leçon.

# SESSION SEPTEMBRE 86

## Sujets communs

### TOUTES ACADEMIES

## Série D'

Les sujets ont été fournis par l'académie pilote de Paris-Créteil-Versailles.

### AIX-MARSEILLE

■ 1$^{er}$ sujet *

NOUVELLE DÉFENSE
ET ILLUSTRATION DE LA LANGUE FRANÇAISE

Ceux que leur activité conduit hors l'Hexagone, ou qui vivent aux marches de la francophonie, peuvent en témoigner : l'expression française est menacée.

Dans les assemblées internationales, test révélateur, les francophones doivent lutter pour utiliser une langue pourtant reconnue officiellement comme langue diplomatique.

Nous ne dresserons pas la liste des lieux où le français tend à régresser, quand il ne s'absente pas (Asie). Cela fait des années que des personnalités qualifiées tirent à ce sujet, et sans grand succès, la sonnette d'alarme. L'heure, pour ceux qui croient au rôle de la communication par l'expression française, n'est pas aux soupirs mais à la défense.

Il est assez paradoxal de constater qu'aujourd'hui les plus fervents avocats de cette cause sont africains ou canadiens. Nos compatriotes, chez qui il semble du meilleur ton de brocarder[1] sa propre langue, seraient-ils atteints — bien subitement et sans doute à contretemps, — du « *complexe du colonisateur* » ?

Si tel est le cas, ils devraient se demander pourquoi ce sont d'ex-colonisés, économiquement sous-développés, qui mettent le plus d'ardeur à préserver et à promouvoir l'instrument de culture et d'échange qu'est le français.

La propagande du français, du moins à une époque en France, a été aussi un moyen de libération, une meilleure chance offerte à chacun d'accéder à la responsabilité. Il est navrant de lire à ce propos tant de contresens têtus. L'école en français, laïque, gratuite et obligatoire, a d'abord été une entreprise démocratique sur laquelle les conservateurs du moment ne se sont jamais trompés. Elle a permis l'avènement d'une admirable génération de pédagogues — ces instituteurs fils de paysans du début du siècle — ainsi que la diffusion, à travers notre société, d'un humanisme authentiquement progressiste. Cela, parfois, mérite d'être rappelé.

Bien sûr, les temps ont changé. L'actualité de la francophonie s'est déplacée. Le véhicule de l'idéal démocratique est devenu, ailleurs, l'arme de la résistance culturelle, voire de l'efficacité économique.

C'est la République du Sénégal qui, dans un opuscule consacré à la transcription de ses langues nationales, écrivait en 1972 : « Remplacer le français comme langue officielle et comme langue d'enseignement, n'est ni souhaitable, ni possible. Si du moins nous ne voulons pas être en retard au rendez-vous de l'an 2000. En effet, il nous faudrait au moins deux générations pour faire, d'une de nos langues nationales, un instrument

---

1. Brocarder : railler.

efficace pour l'enseignement des sciences et des techniques. Et à condition que nous en eussions les moyens financiers et humains, c'est-à-dire des savants et des techniciens assez qualifiés. [...] »

Pour d'autres, il suffit d'observer que neuf dixièmes des collégiens ont l'américain pour visée linguistique. Comme si le prochain millénaire devait être en fait monolingue. Comme si rien d'important ne devait se concevoir, se créer ou se consommer sans l'idiome[1] du principal pays marchand.

Repliement culturel ? Tout au contraire, quand c'est d'identité qu'il s'agit. Pour contribuer valablement au monde de demain, encore faut-il être enraciné en soi-même. Comment comprendre autrement cette floraison soudaine d'associations francophones : Agence de coopération culturelle et technique, Association internationale des parlementaires de langue française, Association des universités partiellement ou entièrement de langue française, etc. ?

Pourquoi cette multiplication d'initiatives, s'il n'était question d'un véritable réflexe de défense ? Quel francophone lucide pourrait sacrifier les avantages d'une langue intercommunautaire, sauf à vouloir scier la branche sur laquelle il est assis ?

Ils ont également tort, ceux qui sont assez nombrilistes pour croire que leur langue est à l'abri de tout danger. L'histoire est là, qui nous enseigne ce qu'il en est.

D'ailleurs, les efforts actuels, généreux mais dispersés ou trop spécialisés, ne répondent pas aux nécessités et ne sauraient stopper le processus évoqué. La coopération multilatérale entre pays francophones demeure, en réalité, dérisoire, et les actions, contrairement à ce qui se passe dans le monde anglophone, manquent de perspective globale. Dès lors, le problème du développement mieux intégré d'une solidarité culturelle se trouve posé.

*La dynamique* d'un tel développement ne peut surgir que d'une volonté politique : la volonté exprimée par les peuples concernés de se grouper et de se défendre.

---

1. Idiome : langue.

Des états généraux de la francophonie ? Je pose la question : si le droit à revivre d'expressions et de cultures étouffées ou disparues doit être légitimement affirmé, pourquoi pas, par la même occasion, le droit à exister de celles qui vivent encore ?

Jean-Pierre BIONDI, *Le Monde* (1980).

Le candidat traitera les trois questions suivantes :

**1.** Ce texte comporte 758 mots. Vous le résumerez entre 170 et 210 mots (une marge de 10 % en plus ou en moins étant admise). Vous indiquerez à la fin de votre résumé, le nombre de mots employés. *(8 points)*

**2.** Vous expliquerez brièvement le sens, dans le texte, des expressions suivantes :
— « complexe du colonisateur »,
— « la dynamique ». *(2 points)*

**3.** Eprouvez-vous, comme l'auteur de ce texte, le besoin de cultiver votre langue ? Quelle que soit votre réponse à cette question, elle devra s'appuyer sur des arguments précis. *(10 points)*

## ■ 2ᵉ sujet

*En 1840, c'est à Marseille que G. Flaubert s'est embarqué pour gagner la Corse qu'il voulait visiter.*

Marseille est une jolie ville, bâtie de grandes maisons qui ont l'air de palais. Le soleil, le grand air du Midi entrent librement dans ses longues rues ; on y sent je ne sais quoi d'oriental, on y marche à l'aise, on respire content, la peau se dilate et hume le soleil comme un grand bain de lumière. Marseille est maintenant ce que devait être la Perse dans l'Antiquité, Alexandrie au Moyen Âge : un capharnaüm, une babel de toutes les nations, où l'on voit des cheveux blonds, ras, de grandes barbes noires, la peau blanche rayée de veines bleues, le teint olivâtre de l'Asie, des yeux bleus, des regards noirs, tous les costumes, la veste, le manteau, le drap, la toile, la collerette rabattue des Anglais, le turban et les larges pantalons des Turcs. Vous entendez parler cent langues inconnues, le slave, le sanscrit, le persan, le scythe, l'égyptien, tous les idiomes, ceux qu'on parle au pays des neiges, ceux qu'on soupire dans les terres du sud. Combien sont venus là sur ce quai où il fait maintenant si beau, et qui sont retournés auprès de leur cheminée de charbon de terre, ou dans leurs huttes au bord des grands fleuves, sous les palmiers de cent coudées, ou dans leur maison de jonc au bord du Gange ? Nous avons pris une de ces petites barques couvertes de tentes carrées, avec des franges blanches et rouges, et nous nous sommes fait descendre de l'autre côté du port où il y a des marchands, des voiliers, des vendeurs de toute espèce. Nous sommes entrés dans une de ces boutiques pour y acheter des pipes turques, des sandales, des cannes d'agavé[1], toutes ces babioles étalées sous des vitres, venues de Smyrne, d'Alexandrie, de Constantinople, qui exhalent pour l'homme à l'imagination complaisante tous les parfums d'Orient, les images de la vie du sérail, les caravanes cheminant au désert, les grandes cités ensevelies dans le sable, les clairs de lune sur le Bosphore.

Gustave FLAUBERT, Pyrénées-Corse (1840).

Vous ferez de ce texte un commentaire composé. Vous pourriez par exemple montrer comment à travers la description pittoresque de Marseille, Flaubert dévoile sa sensibilité et ses rêves.

## ■ 3ᵉ sujet

Victor Hugo exaltant la toute-puissance de la création littéraire, estime qu'elle donne naissance à des « êtres », au sens propre : « Ils respirent, ils palpitent, on entend leurs pas sur le

---

1. D'agavé : on dit aussi agave (plante originaire de l'Amérique).

plancher, ils existent. Ils existent d'une existence plus intense que n'importe qui, se croyant vivant, là, dans la rue. Ces fantômes ont plus de densité que l'homme » *(William Shakespeare).*

Vous évoquerez des exemples précis de ces types littéraires, empruntés soit au théâtre soit au roman, et vous vous demanderez d'où leur vient cette intensité de vie qui fait que nous les trouvons plus vrais que les hommes autour de nous.

## AMIENS

Les sujets ont été fournis par l'académie pilote de Paris-Créteil-Versailles.

## BESANÇON

Les sujets ont été fournis par l'académie pilote de Paris-Créteil-Versailles.

## BORDEAUX

Les sujets ont été fournis par l'académie pilote de Paris-Créteil-Versailles.

## CAEN

Les sujets ont été fournis par l'académie pilote de Paris-Créteil-Versailles.

## CLERMONT-FERRAND

Les sujets ont été fournis par l'académie pilote de Paris-Créteil-Versailles.

## CORSE

Les sujets ont été fournis par l'académie pilote de Nice.

## DIJON

Les sujets ont été fournis par l'académie pilote de Paris-Créteil-Versailles.

## GRENOBLE

Les sujets ont été fournis par l'académie pilote de Paris-Créteil-Versailles.

## LILLE

■ 1$^{er}$ sujet

*Auteur de* Vendredi ou les Limbes du Pacifique, *un roman qui reprend sous une forme nouvelle l'histoire de Robinson Crusoé, M. Tournier s'interroge ici sur la signification que peut prendre son personnage aujourd'hui.*

## Session de septembre 1986

Robinson se présente d'abord comme le héros de la solitude. Jeté sur une île déserte, orphelin de l'humanité tout entière, il lutte des années contre le désespoir, la crainte de la folie et la tentation du suicide. Or il me semble que cette solitude grandissante est la plaie la plus pernicieuse de l'homme occidental contemporain. L'homme souffre de plus en plus de la solitude, parce qu'il jouit d'une richesse et d'une liberté de plus en plus grandes. Liberté, richesse, solitude ou les trois faces de la condition moderne. Il y a encore moins d'un siècle, l'Européen était lié par sa famille, sa religion, son village ou le quartier de sa ville, la profession de son père. Tout cela pesait lourdement sur lui et s'opposait à des changements radicaux et à des options libres. C'est à peine s'il choisissait sa femme, et il ne pouvait guère en changer. Et toutes ces sujétions s'aggravaient du poids des contraintes économiques dans une société de pénurie et d'âpreté. Mais cette servitude soutenait et réchauffait en même temps qu'elle écrasait. On retrouve cela aujourd'hui quand on voyage dans les pays dits sous-développés. Sous-développés vraiment ? A coup sûr pas sous l'angle des relations interhumaines. Dans ces pays rarement un sourire adressé à une inconnue reste sans réponse. Il vous revient aussitôt, comme la colombe de l'arche de Noé fleurie d'un rameau d'olivier. Spontanément un enfant vous aborde dans la rue et vous invite à venir prendre le thé avec sa famille. Un bébé assis sur le bord du trottoir en vous voyant venir tapote la pierre de la main pour vous suggérer de vous asseoir près de lui. Après cela, débarquant à Marseille ou à Orly, on a froid au cœur en voyant tous ces visages de bois, tous ces visages morts, en sentant les ondes répulsives émises par chacun à l'encontre de tous les autres.

Oui, nous vivons enfermés chacun dans notre cage de verre. Cela s'appelle retenue, froideur, quant-à-soi. Dès son plus jeune âge, l'enfant est sévèrement dressé à ne pas parler à des inconnus, à s'entourer d'un halo de méfiance, à réduire ses contacts humains au strict minimum. [...]

Avec la richesse, une à une les chaînes sociales tombent, l'individu affranchi se retrouve nu, disponible et seul, et ce n'est pas la foule anonyme et indifférenciée où il est perdu qui l'aidera. Alors qu'un immeuble populaire de la banlieue napolitaine reconstitue une sorte de village vertical où chacun est connu, repéré, surveillé certes, mais aussi entouré, soutenu, où on vit toutes portes ouvertes, où on mange les uns chez les autres, les habitants d'un immeuble dit de « grand standing » dans le XVIe arrondissement de Paris se retranchent dans une « discrétion » guindée. Il y est de bon ton d'ignorer jusqu'au nom des voisins de palier. [...]

Mais Robinson n'est pas seulement la victime de la solitude, il en est aussi le héros. Car cette solitude qui nous tue et nous rend fous, par une curieuse inversion des valeurs, se pare à nos yeux de prestiges délicieux, comme ces poisons meurtriers dont l'odeur, le goût et les effets immédiats possèdent un je-ne-sais-quoi d'une irremplaçable séduction. Qui n'a rêvé de se retirer sur une île déserte ? L'attrait des vacances est inséparable pour beaucoup d'une plage de sable doré, ombragée de palmiers où viennent crouler des vagues de lapis-lazuli[1]. Robinson avait tout cela. Quant au travail accordé à ces paradis ensoleillés, il se ramène à de petites activités de jardinage, de construction et de pêche, ce qu'embrasse habituellement le mot rassurant de « bricolage », et il est bien vrai que Robinson est aussi le saint patron de tous les bricoleurs de plein air.

On voit ce qui fait le prestige de Robinson : cette solitude dont nous souffrons, même et surtout au milieu de la foule anonyme et oppressante, il a su merveilleusement, lui, l'aménager et l'élever au niveau d'un art de vivre.

Michel TOURNIER, *Le Vent Paraclet* (1977).

**1.** Résumez ce texte en 180 mots, une marge de 10 % en plus ou en moins étant admise. Vous indiquerez à la fin de votre résumé le nombre de mots exact qu'il comporte. *(8 points)*

---

1. Lapis-lazuli : pierre d'un bleu d'azur ou d'outremer.

**2.** Expliquez le sens, dans le texte, de :
— « sujétions »,
— « les ondes répulsives ». *(2 points)*

**3.** L'auteur déclare : « Oui, nous vivons enfermés chacun dans notre cage de verre. » Dans un développement composé, vous direz, en justifiant et illustrant vos analyses, dans quelle mesure vous souscrivez à cette affirmation. *(10 points)*

## ■ 2ᵉ sujet

il a marché toute la nuit
il a traversé les torrents
il a dansé dans les prairies
il a chanté dans la forêt
et lié conversation avec les hiboux

il a grimpé aux arbres
et caressé les renards endormis
il s'est déguisé en fouine puis en belette
il a joué à cache-cache avec les écureuils
personne n'a dormi dans la montagne

il a frappé au volet chez Doucelin
il est allé parler aux chevaux
dans l'écurie de la ferme du Rossignol
il a détaché les chèvres de la Renardière
et ri à la lune dans l'eau de la Fontaine du Saule
il a même compté les étoiles
dans la mare de la Clémence
ça lui a pris un bout de temps

puis il est allé voir les bergers
du côté du jas[1] de l'Etoile
c'était presque l'aube

---

1. Jas : ce mot désigne, dans les Alpes et le Midi de la France, une bergerie.

il a trait les brebis avec eux
puis il s'est couché dans l'herbe
et il a roulé jusqu'aux gorges

là on ne l'a plus vu
le soleil se levait
et l'a bu pour son déjeuner

    Jean BRIANES, *Poèmes,* Ed. le Signal d'alarme, Dieulefit.

En un commentaire composé, vous direz ce qui fait la richesse de ce vagabondage nocturne et dans quelle mesure il sollicite votre imagination. Vous adopterez le plan qui vous conviendra.

## ■ 3ᵉ sujet

Dans le discours qu'il prononça en Suède lors de la remise de son prix Nobel, Albert Camus disait : « L'art n'est pas à mes yeux une réjouissance solitaire. Il est un moyen d'émouvoir le plus grand nombre d'hommes en leur offrant une image privilégiée des souffrances et des joies communes. »

En l'appliquant au domaine de la littérature, vous direz quelles réflexions vous inspire cette formule, sans omettre de vous appuyer sur des exemples précis et variés.

## LIMOGES

Les sujets ont été fournis par l'académie pilote de Paris-Créteil-Versailles.

## LYON

Les sujets ont été fournis par l'académie pilote de Paris-Créteil-Versailles.

## MONTPELLIER

■ 1ᵉʳ sujet

L'élan du tourisme mondial est né dans les années 60. Le Tiers monde pauvre a pensé qu'il y avait une occasion à saisir : vendre ses paysages, ses climats ensoleillés, ses plages de sable fin, ses cultures exotiques. Il voulait recueillir des devises pour stimuler sa machine économique. Mais, comme l'écrivait le sociologue Morris Fox : « Le tourisme est comme le feu. Il peut faire bouillir votre marmite ou incendier votre maison. » Ce propos souligne bien le dilemme. Personne ne peut dire aujourd'hui que la marmite bout bien, comme il serait exagéré d'affirmer que la maison est en feu.

Gros avions à réaction, vacances programmées, étirées, agences de voyages à tous les coins de rues, jamais le monde, même lointain, n'a été aussi accessible. Jamais on n'a autant voyagé, mais jamais aussi les égoïsmes nationaux, les malentendus et les hostilités entre les peuples différents n'ont été aussi présents et aussi cruciaux. Au début des années 70, le slogan « le tourisme facteur de paix et d'échanges, ... moyen de compréhension entre les peuples » était repris en chœur par tous, de l'UNESCO à la Conférence des Nations unies pour le commerce et le développement, en passant par la Banque mondiale.

Malheureusement, la rencontre fut manquée, abîmée. 80 % des touristes dans le monde sont originaires des pays industrialisés. C'est un « échange » à sens unique, et le touriste, bien malgré lui, est loin d'être un personnage innocent.

Le voyage ne peut être isolé d'un certain contexte et de son environnement humain et social. Nous ne sommes plus au temps des explorateurs, missionnaires, pèlerins et autres poètes. Le voyage est devenu un produit, une affaire de marchands. Chaque année plus de soixante millions d'Occidentaux prennent des vacances dans un pays en voie de développement. Visiter le Tiers monde, certes. Mais quel Tiers monde ?

Rien dans les dépliants et les catalogues des organisateurs et promoteurs de ce tourisme multinational ne permet de soupçonner l'effroyable misère sévissant dans ces terres paradisiaques, ni la pauvreté absolue des hommes tenus à l'écart des grands circuits touristiques. Tout au long des pages, c'est l'exotisme caricatural et racoleur qui s'étale : couples bronzés allongés sur des plages désertes, blondes voluptueuses vous invitant à l'aventure au bord de la piscine d'un hôtel quatre étoiles, formules-clichés pour vendre des terres de rêve, figeant des populations typiques, folkloriques et serviles.

Ce tourisme de masse est-il au moins créateur d'emplois ? On constate que cette industrie n'occupe régulièrement que 5 % de la main-d'œuvre, 10 à 15 % en pleine saison, main-d'œuvre essentiellement semi-qualifiée et saisonnière. Il faut dire aussi que ce secteur, s'il rapporte des devises à un pays, entraîne d'énormes frais d'infrastructure pour l'Etat (aménagement des sites, services privilégiés,...). Enfin, ce tourisme est générateur d'inflation. Il provoque des hausses de prix spectaculaires, dans des pays où souvent n'existent pas d'instruments sérieux et fiables pour mesurer cette inflation et évaluer ses conséquences sur le niveau de vie de la population.

Il est temps de réfléchir sur la forme et la pratique de ce tourisme. [...] Ce tourisme, s'il n'engendre pas la pollution, la prostitution, la petite délinquance, comme on l'affirme parfois abusivement, les influence. Les entreprises touristiques transnationales imposent leur clientèle et leurs produits. Ces « tour-operators » organisent les circuits, les séjours, les croisières... Ils lancent les nouvelles destinations, créent les formules de vacances. On estime actuellement en France à plus de 2 000 les produits touristiques vendus comme des boîtes de conserve. Les pays d'accueil se plient d'autant plus aux exigences des fabricants de voyages qu'elles leur permettent de donner une image tronquée des terribles réalités et tristes quotidiennetés qu'endurent leurs peuples. Il revient à ces pays la mission de diversifier, inventer, devenir les véritables maîtres de l'exploration et de la découverte de leur terre par les autres. Peut-être alors le malentendu entre le visiteur et son hôte pourra-t-il s'amenuiser et faire place à une rencontre véritable, où le touriste sera vu comme un invité et non comme un modèle à imiter ou un nanti à plumer devant lequel on se courbe... Parce qu'on le méprise.

Ezzedine MESTIRI, journaliste tunisien,<br>article du journal Le Monde, 20 septembre 1985.

**1.** Vous résumerez le texte en 170 mots. Une marge de 10 % en plus ou en moins est admise. Vous indiquerez à la fin de votre résumé le nombre de mots employés. *(8 points)*

**2.** Expliquez le sens, dans le texte, des expressions suivantes :
— « le touriste [...] est loin d'être un personnage innocent »,
— « la pauvreté absolue ». *(2 points)*

**3.** Le tourisme est-il, comme le dit un slogan des années 70, « facteur de paix et d'échanges,... moyen de compréhension entre les peuples » ? *(10 points)*

## 2ᵉ sujet

### A LA MÉMOIRE
### D'UNE CHATTE NAINE QUE J'AVAIS

O mon beau chat frileux, quand l'automne morose
Faisait glapir plus fort les mômes dans les cours,
Combien passâmes-nous de ces spleeniques[1] jours
A rêver face à face en ma chambre bien close.

5 Lissant ton poil soyeux de ta langue âpre et rose
Trop grave pour les jeux d'autrefois et les tours,
Lentement tu venais de ton pas de velours
Devant moi t'allonger en quelque noble pose.

Et je songeais, perdu dans tes prunelles d'or
10 — Il ne soupçonne rien, non, du globe stupide

---

1. Spleeniques : qui engendrent le spleen, mélancolie caractérisée par le dégoût de toute chose.

Qui l'emporte avec moi tout au travers du Vide,
Rien des Astres lointains, des Dieux ni de la Mort ?
Pourtant !... quels yeux profonds !... parfois... il m'intimide.
Saurait-il donc le mot ? — Non, c'est le Sphinx encor.

        Jules LAFORGUE (1860-1887), *Premiers Poèmes*.

Vous ferez de ce sonnet un commentaire composé. Vous pourrez, par exemple, montrer par quels moyens stylistiques (vocabulaire, syntaxe, versification, etc.) l'auteur, en évoquant une scène familière, exprime — parmi d'autres états d'âme — sa solitude inquiète.

■ 3ᵉ sujet

Voltaire, dans un roman, fait dire à l'un de ses personnages qui vient de lire à un ami une tragédie classique : « Il ne pleura point, mais il admira. »

Sans vous limiter nécessairement au théâtre, vous direz ce que vous pensez de l'opposition établie ici entre l'œuvre littéraire qui touche la sensibilité du lecteur et celle qui provoque son admiration.

## NANCY-METZ

Les sujets ont été fournis par l'académie pilote de Paris-Créteil-Versailles.

## NANTES

Les sujets ont été fournis par l'académie pilote de Paris-Créteil-Versailles.

# NICE

## ■ 1ᵉʳ sujet

Je crois en effet, que, si tendu soit-il vers les perspectives d'avenir, l'être humain ne saurait se priver du passé sans dommages irréparables. Peu importent, à cet égard, *les références idéologiques :* même lorsqu'on chante « Du passé, faisons table rase », on comprend tôt ou tard qu'il faut protéger les musées, les églises, les châteaux, les arts traditionnels et les paysages. L'Union soviétique ne serait pas ce qu'elle est sans la vieille Russie, dont les chants ne contribuent pas moins au succès des chœurs de l'Armée rouge que l'hymne officiel du régime. La Chine populaire remplace le vieux répertoire théâtral par des œuvres à la gloire du socialisme : ces œuvres n'auraient sans doute aucune portée si elles rompaient avec l'esprit traditionnel du théâtre chinois. L'Allemagne fédérale est un pays neuf : c'est en célébrant fastueusement la mémoire d'Albert Dürer[1] que la ville de Nuremberg retrouve une nouvelle jeunesse. Et quand la République française accueille les chefs d'Etat les plus respectueux de la France de 93, c'est à Versailles ou dans les châteaux de la Loire qu'elle les loge. [...]

Il y a deux façons d'aimer le passé : la mauvaise et la bonne. La mauvaise consiste à « vénérer » les œuvres anciennes en dénigrant par principe tout ce qui se peut faire aujourd'hui. C'est cette exécrable attitude qui mérite le nom de passéisme. La seconde procède d'un tout autre esprit : elle demande au passé la force d'agir et de créer dans le présent. En un mot, il ne s'agit pas de « vivre dans le passé », mais grâce à lui, de mieux vivre aujourd'hui. Je me félicite qu'il existe à Amiens une Société de

---

1. A. DÜRER : peintre et graveur allemand né à Nuremberg (1471-1528).

linguistique picarde. La découverte de cette vieille langue romane, depuis longtemps dégradée en dialecte, aboutira-t-elle à une nouvelle littérature en cette langue ? Je ne suis pas contre, mais ce qui me paraît le plus important, c'est qu'en explorant les richesses du passé, les Picards retrouvent l'énergie nécessaire pour bâtir une Picardie nouvelle, pour refaire, de ce qui n'est plus guère aujourd'hui qu'un espace géographique, une véritable communauté régionale, terme qui me paraît préférable à celui, officiel, de « collectivité territoriale ».

Je n'ai pris l'exemple d'Amiens que pour mieux éclairer ce qui me paraît un problème général du monde actuel. Et d'abord de notre propre pays, puisque c'est en lui et par lui que nous pouvons faire quelque chose d'utile. Si je suis devenu régionaliste, ce n'est pas pour le plaisir d'opposer une doctrine politique à d'autres. Rien de plus trompeur que les vocables politiques : j'imagine aisément la création d'une France « régionalisée » qui ne correspondrait pas du tout à ce que je peux souhaiter. La renaissance régionale telle que je l'espère ne saurait naître d'une organisation administrative : cette organisation elle-même ne verra le jour que si l'amour de la région renaît chez ceux qui l'habitent.

Cette renaissance, je crois qu'elle s'amorce principalement en France dans celles de nos régions où *le particularisme ethnique* est plus marqué que chez d'autres : Flandre, Bretagne, Pays basque, Catalogne, Occitanie, Corse, Alsace et Moselle. Pour avoir tenté de la faire comprendre dans mes derniers livres, j'ai été accusé de vouloir détruire l'unité nationale. Je crois au contraire que la renaissance de ces régions ne peut que favoriser celle des autres régions de France. Je pense aussi que loin de porter atteinte à l'unité véritable, la diversité régionale la fortifie : un ensemble n'est vigoureux et fécond que si les éléments qui le composent le sont aussi. Pour la France comme pour l'Europe entière, le choix est maintenant entre l'uniformisation technocratique et la rénovation de régions définies par la nature comme par l'histoire.

Je ne me fais pas d'illusions pour autant : la lutte sera longue et difficile. Mais le salut de ce que nous pouvons encore appeler notre civilisation en dépend.

Paul SERANT[1],<br>
*Lettre à Louis Pauwels sur les gens inquiets*<br>
*et qui ont bien le droit de l'être* (1972).

**1.** Vous résumerez ce texte en 180 mots (tolérance : 10 % en plus ou en moins). A la fin de votre résumé, vous indiquerez le nombre de mots employés.

**2.** Vous expliquerez les expressions suivantes :
— « les références idéologiques »,
— « le particularisme ethnique ».

**3.** Discussion : « L'être humain ne saurait se priver du passé ».
En quoi la connaissance du passé, plus précisément celle des œuvres du passé, littéraires ou culturelles, nous aide-t-elle à « mieux vivre aujourd'hui » ? Cette connaissance ne peut-elle avoir une autre fonction ?

## ■ 2ᵉ sujet *

*Aragon a rencontré Elsa Triolet en 1928 ; elle a inspiré au poète un chant d'amour de plus de trente-cinq ans. Les strophes suivantes sont extraites d'un poème où Aragon, une fois de plus, célèbre Elsa et le bonheur qu'il lui doit.*

[...]
J'étais celui qui sait seulement être contre
Celui qui sur le noir parie à tout moment
Que serais-je sans toi qui vins à ma rencontre
Que cette heure arrêtée au cadran de la montre
Que serais-je sans toi qu'un cœur au bois dormant
Que serais-je sans toi que ce balbutiement

---

1. P. SERANT, né en 1922, journaliste et écrivain.

Un bonhomme hagard qui ferme sa fenêtre
Le vieux cabot parlant des anciennes tournées
L'escamoteur qu'on fait à son tour disparaître
Je vois parfois celui que je n'eus manqué d'être
Si tu n'étais venue changer ma destinée
Et n'avais relevé le cheval couronné[1].

Je te dois tout je ne suis rien que ta poussière
Chaque mot de mon chant c'est de toi qu'il venait
Quand ton pied s'y posa je n'étais qu'une pierre
Ma gloire et ma grandeur seront d'être ton lierre
Le fidèle miroir où tu te reconnais
Je ne suis que ton ombre et ta menue monnaie

J'ai tout appris de toi sur les choses humaines
Et j'ai vu désormais le monde à ta façon
J'ai tout appris de toi comme on boit aux fontaines
Comme on lit dans le ciel les étoiles lointaines
Comme au passant qui chante on reprend sa chanson
J'ai tout appris de toi jusqu'au sens du frisson

J'ai tout appris de toi pour ce qui me concerne
Qu'il fait jour à midi qu'un ciel peut être bleu
Que le bonheur n'est pas un quinquet[2] de taverne
Tu m'as pris par la main dans cet enfer moderne
Où l'homme ne sait plus ce que c'est qu'être deux
Tu m'as pris par la main comme un amant heureux
[...]

Louis ARAGON, Le Roman inachevé (1956).

Vous ferez de ce poème un commentaire composé. Vous pourrez, par exemple, en mettant en relief la richesse des métaphores, étudier comment Aragon évoque sa métamorphose et quels liens l'unissent à Elsa.

---

1. Cheval couronné : cheval qui est tombé et s'est blessé au genou.
2. Quinquet : ancienne lampe à huile.

Mais ces indications ne sont pas contraignantes, et vous avez toute latitude pour organiser votre exercice à votre gré. Vous vous abstiendrez seulement de présenter un commentaire juxtalinéaire ou séparant artificiellement le fond de la forme.

### ■ 3ᵉ sujet *

« Une société qui se mécanise a plus que jamais besoin, pour sauver les personnes, de la poésie libératrice », écrit Jean Onimus dans *La Connaissance poétique*.

Pensez-vous que la poésie, dans ses expressions les plus variées, peut jouer un tel rôle dans la vie moderne ? Justifiez votre réponse par des exemples précis.

## ORLEANS-TOURS

Les sujets ont été fournis par l'académie pilote de Paris-Créteil-Versailles.

## PARIS-CRETEIL-VERSAILLES

### ■ 1ᵉʳ sujet

« Un étudiant sortant du collège après huit ans (d'études) n'est pas en état de lire un livre français dans une compagnie d'honnêtes gens... » « Tous les professeurs et tous les examinateurs de France (et pas seulement du baccalauréat) sont d'accord là-dessus : les jeunes Français n'écrivent pas en français. La déchéance progressive est, en cette affaire, d'une prodigieuse rapidité... »

Ces constats sans appel ne datent pas d'hier. Le premier est extrait d'un mémoire de la faculté de droit de Rennes, en date du 25 mars 1762 ; le second est de Faguet dans *L'Univers* du

18 février 1909, et j'en tiens des dizaines d'analogues à la disposition des collectionneurs. Tant il est vrai que, de génération en génération, nous n'avons jamais manqué de Cassandre[1] pour diagnostiquer la décadence des études. Pourquoi tant de constance à reprendre le même rôle ?

Sans doute ces exhortations ont-elles une fonction régulatrice. Rien n'est jamais acquis, nous le savons : ni la démocratie, ni la culture et peut-être convient-il, en effet, que des prophètes nous tiennent en éveil pour éviter tout relâchement. C'est la fièvre de la jeunesse qui maintient le reste du monde à la température normale, disait Bernanos. Peut-être faut-il, symétriquement, des Cassandre. La seule façon d'éviter *la détresse de l'enseignement* serait ainsi d'être régulièrement sommés de la conjurer.

Ce rôle, pourtant, tenterait moins les acteurs s'il n'était aussi flatteur. Qui jette un cri d'alarme contre le déclin des études se place, du fait même, dans une position prestigieuse : il parle au nom des valeurs culturelles et morales, au nom de l'intelligence et de l'effort. Contester le diagnostic est courir le risque de se voir rangé parmi les adversaires du savoir, les niveleurs et les laxistes d'où vient tout le mal. Tentons cependant de poser deux questions simples.

Et d'abord, parle-t-on des classes ou des jeunes ? Comme on ne trouve plus les mêmes jeunes qu'hier dans les mêmes classes, la question se pose. Si l'on parle des classes, à l'exception des plus prestigieuses que chacun connaît, le niveau baisse. Dans les sixièmes de 1939, il y avait 35 000 élèves : 6 % d'une génération. Maintenant, la génération se retrouve au complet en sixième, y compris les élèves qu'on aurait placés en classe de fin d'études : le tout venant, et non plus la fine fleur. *La physionomie des classes* en est évidemment affectée. Mais si l'on parle des jeunes, à moins d'oublier un peu vite qu'en 1939 à peine la moitié d'entre eux obtenaient le certificat d'études, il semble incontestable que

---

1. Cassandre : fille du roi Priam ; douée du don de prophétie, elle prédit la chute de Troie. Le terme désigne ceux qui croient pouvoir formuler un diagnostic, le plus souvent pessimiste, sur une situation donnée.

leur niveau moyen a augmenté. Simplement, les élèves faibles sont désormais dans des classes où l'on n'avait pas l'habitude de les voir et les professeurs ne peuvent plus faire avec eux ce qu'ils faisaient avec leurs prédécesseurs.

Qu'on me comprenne. Je n'affirme pas que tout va pour le mieux dans le meilleur des enseignements. A côté de progrès indéniables dans le domaine scientifique et technologique, des facteurs graves de dégradation sont à l'œuvre, qui tiennent en partie à une sélection absurdement fondée sur les mathématiques et l'âge. L'optimisme béat serait niais. Mais de grâce, regardons aussi un peu à côté des enseignements littéraires, les seuls pour lesquels, curieusement, parle Cassandre, aussi loin qu'on remonte. Et à côté des lycées des sections A ou C, voyons ceux des LEP et des sections techniques : ensemble, les deux tiers des lycéens. Le catastrophisme à la mode semble les oublier.

Ma seconde question est : que faire ? Où le discours de Cassandre nous conduit-il ? S'il s'agit de relever le niveau des classes, il est un remède simple : la purge. Certains professeurs l'appellent d'ailleurs de leurs vœux ; ils croient — un peu vite — qu'en éliminant les élèves qui ne sont pas « à leur place », ils retrouveraient le plaisir d'enseigner et la satisfaction de réussir. Mais que changerait la purge au niveau des élèves ? Et n'est-ce pas le vrai problème ?

Antoine PROST, « Cassandre »,
article paru dans *Libération* (mercredi 28 mars 1984).

**1.** Vous résumerez ce texte en 170 mots (écart toléré : plus ou moins 10 %). Vous indiquerez sur votre copie le nombre de mots que vous aurez employés. *(8 points)*

**2.** Vous expliquerez le sens des expressions en italique dans le texte :
— « la détresse de l'enseignement »,
— « la physionomie des classes ». *(2 points)*

**3.** La sélection fondée sur les mathématiques vous paraît-elle « absurde » ? *(10 points)*

## ■ 2ᵉ sujet *

*Une jeune fille d'origine européenne installée avec sa famille en Indochine rencontre au bord du fleuve, près du débarcadère du bac, un riche Chinois qui engage la conversation. L'épisode se passe à l'époque coloniale.*

L'homme élégant est descendu de la limousine[1], il fume une cigarette anglaise. Il regarde la jeune fille au feutre d'homme et aux chaussures d'or. Il vient vers elle lentement. C'est visible, il est intimidé. Il ne sourit pas tout d'abord. Tout d'abord il lui offre une cigarette. Sa main tremble. Il y a cette différence de race, il n'est pas blanc, il doit la surmonter, c'est pourquoi il tremble. Elle lui dit qu'elle ne fume pas, non merci. Elle ne dit rien d'autre, elle ne lui dit pas laissez-moi tranquille. Alors il a moins peur. Alors il lui dit qu'il croit rêver. Elle ne répond pas. Ce n'est pas la peine qu'elle réponde, que répondrait-elle. Elle attend. Alors il le lui demande : mais d'où venez-vous ? Elle dit qu'elle est la fille de l'institutrice de l'école de filles de Sadec. Il réfléchit et puis il dit qu'il a entendu parler de cette dame, sa mère, de son manque de chance avec cette concession[2] qu'elle aurait achetée au Cambodge, c'est bien ça n'est-ce pas ? Oui c'est ça.

Il répète que c'est tout à fait extraordinaire de la voir sur ce bac. Si tôt le matin, une jeune fille belle comme elle l'est, vous ne vous rendez pas compte, c'est très inattendu, une jeune fille blanche dans un car indigène.

Il lui dit que le chapeau lui va bien, très bien même, que c'est... original... un chapeau d'homme, pourquoi pas ? elle est si jolie, elle peut tout se permettre.

Marguerite DURAS, L'Amant (1984).

---

1. Limousine : grosse automobile luxueuse.
2. Concession : vaste plantation.

Sous forme de commentaire composé, vous vous attacherez, par exemple, à montrer comment l'auteur, dans ce passage, traite le thème de la rencontre amoureuse.

## ■ 3ᵉ sujet

A propos de l'artiste et de l'écrivain, Hugo écrit : « En ne maniant point les choses de la terre, il croit s'épurer, il s'annule. Il est le raffiné, il est le délicat, il peut être l'exquis, il n'est pas le grand. Le premier venu, grossièrement utile, mais utile, a le droit de demander en voyant ce génie bon à rien : qu'est-ce que ce fainéant ? » (*William Shakespeare*, 1864.)

A partir de vos connaissances en littérature et dans les autres arts, vous vous demanderez qu'elle est la portée de ce jugement.

## POITIERS

Les sujets ont été fournis par l'académie pilote de Paris-Créteil-Versailles.

## REIMS

Les sujets ont été fournis par l'académie pilote de Paris-Créteil-Versailles.

## RENNES

Les sujets ont été fournis par l'académie pilote de Paris-Créteil-Versailles.

## ROUEN

Les sujets ont été fournis par l'académie pilote de Paris-Créteil-Versailles.

## STRASBOURG

Les sujets ont été fournis par l'académie pilote de Paris-Créteil-Versailles.

## TOULOUSE

Les sujets ont été fournis par l'académie pilote de Paris-Créteil-Versailles.

## ANTILLES-GUYANE

■ 1ᵉʳ sujet *

Nomades et *sédentaires*. Une grande part de l'histoire du monde tient à elle seule dans ces deux mots. Comme si, telles ces étoiles doubles, ces systèmes astraux comportant deux soleils, gravitant l'un autour de l'autre, ils étaient voués tout à tour à s'opposer ou à se compléter. Le nomade a toujours constitué la part la plus archaïque de nous-mêmes. Il fut l'état premier de l'homme, contraint de vivre de cueillette, de changer de territoire de chasse, de suivre le gibier dont il vivait. Avec la domestication, le nomadisme se mua en activité pastorale ou semi-pastorale et le pasteur devint non seulement l'errant des steppes ou des alpages mais le guide, le meneur, le porteur de nouveaux messages. Car, des herbes aux étoiles, rien de ce monde ne pouvait lui être étranger.

Ce monde de l'errance n'est jamais mort ni en nous, ni autour de nous. Qu'il ait ou non un but et des repères précis — dans les pèlerinages ou les déplacements des compagnons — ou des repères imprécis — chez les missionnaires, les frères prêcheurs, les métiers ambulants d'autrefois — il n'a cessé, au cours des siècles, de fasciner ou d'horrifier, d'inspirer la crainte ou l'admiration. L'histoire fondamentale des rapports très complexes entretenus entre les sédentaires et les nomades, cette histoire reste encore à faire. On l'a entreprise pour des époques et des lieux limités, mais jamais dans une perspective d'ensemble qui en dégagerait les axes, les courants, les jalons. Car tour à tour chassé, repoussé, excommunié, ou, au contraire, fêté, recherché, imploré, l'Errant apportait avec lui, selon les mentalités, les besoins des différentes communautés, un monde de damnation ou un monde de salut... Les routes, les chemins, les sentiers parcourant la France ont ouvert les portes de l'Enfer ou celles du Paradis. Ils furent sur notre terre comme les infrastructures de l'amour ou de la haine, les voies qui amenaient le frère ou l'ennemi. Et aujourd'hui rien de cela n'est mort : *notre société hyperurbanisée* semble consacrer à jamais la victoire des sédentaires. Elle recèle pourtant plus que jamais ces ferments qui nous poussent à bouger, à partir, à nous jeter avec fureur vers les loisirs, organisés ou non. Peu importent les motivations. On ne part plus sur les routes pour prêcher ni faire son salut, pour conquérir quelque Graal[1] au cœur des châteaux forts. Mais l'image n'est pas morte — bien qu'elle soit caricaturale aujourd'hui — des paradis promis ou trouvés par le départ et par l'errance. Cette quête fiévreuse du loisir — Graal de notre époque — a pris fatalement des formes organisées — et moins chevaleresques qu'autrefois — des formes saisonnières aussi, retrouvant par moments l'ampleur des vieilles migrations. C'est

---

1. Graal : vase contenant le sang du Christ selon une légende médiévale, symbolisant la pureté mystique.

pourquoi on accepte très bien les vacanciers, les campeurs, voire les randonneurs, moins bien le vagabond, le solitaire marchant pour son plaisir en dehors des sentiers battus. Le plus révélateur pour moi, dans ce voyage de quelques mois, furent justement l'étonnement, l'incertitude, et surtout la méfiance que je lisais sur les visages.

Ne fût-ce qu'à l'égard de soi-même, une telle entreprise est donc édifiante et même nécessaire. Affronter l'imprévu quotidien des rencontres, c'est rechercher une autre image de soi chez les autres ; briser les cadres et les routines des mondes familiers, c'est se faire autre, et, d'une certaine façon, renaître. La lassitude, le découragement, les sentiments d'absurdité ou d'inutilité de l'entreprise qui vous prennent quelquefois aux heures difficiles ou mornes de la marche, deviennent autant d'épreuves, qui n'ont d'ailleurs rien de tragique. De plus en plus, ceux qui réclament autre chose que le visage artificiel des villes, les rapports routiniers, conventionnels de nos cités, iront chercher sur les routes ce qui leur manque ailleurs. En marchant ainsi, on ne recherche pas que des joies archaïques ou des heures privilégiées, on ne fait pas qu'errer dans le labyrinthe des chemins embrouillés qui nous ramèneraient à nous-mêmes mais au contraire on découvre les autres. Marcher ainsi de nos jours — et surtout de nos jours — ce n'est pas revenir aux temps néolithiques, mais bien plutôt être prophète.

Jacques LACARRIÈRE, *Chemin faisant.*<br>*Mille kilomètres à pied à travers la France.*

**1.** Résumez ce texte en 180 mots (une marge de 10 % en plus ou en moins est autorisée). Indiquez à la fin du résumé le nombre de mots utilisés. *(8 points)*

**2.** Expliquez en quelques lignes le sens, dans le texte, des mots ou expressions suivants :
— « sédentaires »,
— « notre société hyperurbanisée ». *(2 points)*

**3.** « De plus en plus, ceux qui réclament autre chose que le visage artificiel des villes, les rapports routiniers, conventionnels de nos cités, iront chercher sur les routes ce qui leur manque ailleurs », écrit Jacques Lacarrière.

Dites ce que vous pensez d'une telle affirmation. Vous justifierez votre opinion par des exemples empruntés à vos lectures ou à votre expérience personnelle. *(10 points)*

## ■ 2ᵉ sujet *

### LE RÉCIF DE CORAIL

Le soleil sous la mer, mystérieuse aurore,
Eclaire la forêt des coraux abyssins [1]
Qui mêle, aux profondeurs de ses tièdes bassins,
La bête épanouie et la vivante flore.

Et tout ce que le sel ou l'iode colore,
Mousse, algue chevelue, anémones, oursins,
Couvre de pourpre sombre, en somptueux dessins,
Le fond vermiculé [2] du pâle madrépore.

De sa splendide écaille éteignant les émaux,
Un grand poisson navigue à travers les rameaux ;
Dans l'ombre transparente, indolemment il rôde ;

Et brusquement, d'un coup de sa nageoire en feu,
Il fait, par le cristal morne, immobile et bleu,
Courir un frisson d'or, de nacre et d'émeraude.

José-Maria DE HEREDIA, *Les Trophées* (1894).

Vous ferez un commentaire composé de ce sonnet. Vous pourrez montrer par exemple comment ce poète, originaire de Cuba, a su fixer, dans ce tableau, l'éclat et la beauté de la mer des Antilles.

---

1. Abyssin, adjectif dérivé de « abysse » : grande profondeur océanique.
2. Vermiculé, qui a la forme d'un ver.

## ■ 3ᵉ sujet

A un critique d'art qui lui demandait pour quel public il peignait, l'artiste moderne Victor Vasarely répondait : « Je crois pouvoir affirmer que mon art s'adresse vraiment à tout le monde. [...] Les rouges, les bleus, les jaunes, les verts chantent pareillement pour l'ingénieur informaticien, pour le cultivateur, pour le mineur de fond ou pour le " sauvage ". Autrement, comment expliquer l'art des humbles depuis toujours : les folklores d'où les " grands arts " n'ont cessé d'émerger ? » (*Entretiens avec Victor Vasarely,* Editions Pierre Belfond, p. 128-129.)

Sans vous en tenir à l'univers de la peinture, mais en prenant des exemples parmi les œuvres d'écrivains ou d'artistes que vous connaissez, vous expliquerez et discuterez ce jugement de Victor Vasarely.

*(Première session 1986)*

# LA REUNION

## ■ 1ᵉʳ sujet *

### LA « PEUR DES MORTS »

L'animal, sans doute, ne rumine pas l'idée de la mort. Il ne craint que contraint de craindre. Le péril disparu, la puissance du pressentiment funeste s'évanouit : la mort n'a plus d'aiguillon et ne joue plus aucun rôle.

C'est que rien d'inutile, rien de disproportionné n'apparaît dans la conduite de l'Animal. Il n'est à chaque instant que ce qu'il est. Il ne spécule pas sur des valeurs imaginaires, et il ne s'inquiète pas de questions auxquelles ses moyens ne lui permettent de répondre.

Il en résulte que le spectacle de la mort de ses semblables, qui peut, dans le moment même, l'émouvoir ou l'irriter quelquefois, ne lui cause pas de tourments illimités et ne modifie en rien son système tout positif d'existence. Il semble qu'il ne possède pas ce qu'il faut pour conserver, entretenir et approfondir cette impression.

Mais chez l'Homme, qui est doué de plus de mémoire, d'attention et de facultés de combinaison ou d'anticipation qu'il n'est nécessaire, l'idée de la mort, déduite d'une expérience constante et, d'autre part, absolument incompatible avec le sentiment de l'être et l'acte de la conscience, joue un rôle remarquable dans la vie. Cette idée excite au plus haut degré l'imagination qu'elle défie. Si la puissance, la perpétuelle imminence, et, en somme, la vitalité de l'idée de la mort, s'amoindrissaient, on ne sait ce qu'il adviendrait de l'humanité. Notre vie organisée a besoin des singulières propriétés de l'idée de la mort.

L'idée de la mort est le ressort des lois, la mère des religions, l'agent secret ou terriblement manifeste de la politique, l'excitant essentiel de la gloire et des grandes amours, — l'origine d'une quantité de recherches et de méditations.

Parmi les produits les plus étranges de l'irritation de l'esprit humain par cette idée (ou plutôt par ce besoin d'idée que nous impose la constatation de la mort des autres), figure l'antique croyance que les morts ne sont pas morts, ou ne sont pas tout à fait morts.

Rechercher les formes primitives de cette conviction (qui ne peut guère s'exprimer, comme je viens de le faire, qu'en termes contradictoires), est l'objet de l'œuvre la plus récente de Sir James Frazer : *La Peur des morts*[1].

« Les hommes, pour la plupart, croient que la mort n'abolit pas leur existence consciente, mais que celle-ci se poursuit pendant une durée indéterminée ou infinie, après que la frêle enveloppe corporelle qui avait logé quelque temps cette conscience a été réduite en poussière. »

---

1. Sir James Frazer : ethnographe anglais (1854-1941), auteur du célèbre *Rameau d'or* (traduction française, 1925) et de *La Peur des morts*. Le texte de Paul Valéry est la préface de la traduction en français de ce dernier ouvrage (1934).

Telle est la proposition initiale de laquelle procède le dessein de l'auteur, qui est de nous représenter, au moyen d'une quantité d'exemples, ce qu'on pourrait nommer la politique des primitifs dans leurs rapports avec les esprits des morts.

Sir James nous montre que les non-civilisés éprouvent à l'égard des esprits des morts presque tous les sentiments que l'homme peut éprouver à l'égard des créatures vivantes : chez les uns, la crainte domine ; chez les autres, l'intérêt ; chez certains, l'affection. On voit, chez ces derniers, une sorte de familiarité s'établir entre les morts et les vivants d'une famille. Les parents défunts ne sont pas redoutés ; mais leurs cadavres sont enterrés dans la maison, et l'on espère que leurs âmes, quelque jour, se réincarneront dans un enfant qui naîtra sous le toit familial.

D'autres peuplades essayent d'exploiter les esprits, d'obtenir leur assistance ou leur faveur dans les travaux agricoles ou bien dans les entreprises de chasse ou de pêche. On s'efforce parfois de leur tirer quelques oracles.

Il arrive assez souvent que les phénomènes accidentels et funestes leur soient imputés : famines, sécheresse, coups de foudre, tremblements de terre sont mis à leur compte, — comme nous-mêmes mettons quelquefois ces redoutables événements à la charge des taches du soleil.

Paul VALÉRY, « La Peur des morts » *in Variété*.

**1.** Vous ferez de ce texte un résumé de 175 mots environ. Une marge de 10 % en plus ou en moins est admise. Vous indiquerez à la fin de votre résumé le nombre de mots employés.

**2.** Expliquez le sens dans le texte des expressions suivantes :
— « Il n'est à chaque instant que ce qu'il est » ;
— « ce qu'on pourrait nommer la politique des primitifs ».

**3.** Dans un exposé construit et illustré d'exemples empruntés à vos lectures, vous commenterez et discuterez la phrase suivante :
« L'idée de la mort est le ressort des lois, la mère des religions, l'agent secret ou terriblement manifeste de la politique, l'excitant

essentiel de la gloire et des grandes amours, — l'origine d'une quantité de recherches et de méditations. »

## ■ 2ᵉ sujet

*Virginie adolescente prend conscience du sentiment nouveau qu'elle éprouve pour Paul avec qui elle a été élevée et que jusqu'ici elle considérait un peu comme son frère. La scène se situe à l'île de France, actuelle île Maurice.*

Cependant depuis quelque temps Virginie se sentait agitée d'un mal inconnu. Ses beaux yeux bleus se marbraient de noir : son teint jaunissait ; une langueur universelle abattait son corps. La sérénité n'était plus sur son front, ni le sourire sur ses lèvres. On la voyait tout à coup gaie sans joie, et triste sans chagrin. Elle fuyait ses jeux innocents, ses doux travaux, et la société de sa famille bien-aimée. Elle errait çà et là dans les lieux les plus solitaires de l'habitation, cherchant partout du repos, et ne le trouvant nulle part. Quelquefois, à la vue de Paul, elle allait vers lui en folâtrant ; puis tout à coup, près de l'aborder, un embarras subit la saisissait ; un rouge vif colorait ses joues pâles, et ses yeux n'osaient plus s'arrêter sur les siens. Paul lui disait : « La verdure couvre ces rochers, nos oiseaux chantent quand ils te voient ; tout est gai autour de toi, toi seule es triste. » Et il cherchait à la ranimer en l'embrassant ; mais elle détournait la tête, et fuyait tremblante vers sa mère. L'infortunée se sentait troublée par les caresses de son frère. Paul ne comprenait rien à des caprices si nouveaux et si étranges. Un mal n'arrive guère seul.

Un de ces étés qui désolent de temps à autre les terres situées entre les tropiques vint étendre ici ses ravages. C'était vers la fin de décembre, lorsque le soleil au Capricorne échauffe pendant trois semaines l'île de France de ses feux verticaux. Le vent du sud-est qui y règne presque toute l'année n'y soufflait plus. De longs tourbillons de poussière s'élevaient sur les chemins, et restaient suspendus en l'air. La terre se fendait de toutes parts ;

l'herbe était brûlée ; des exhalaisons chaudes sortaient du flanc des montagnes, et la plupart de leurs ruisseaux étaient desséchés. Aucun nuage ne venait du côté de la mer. Seulement pendant le jour des vapeurs rousses s'élevaient de dessus ses plaines, et paraissaient au coucher du soleil comme les flammes d'un incendie. La nuit même n'apportait aucun rafraîchissement à l'atmosphère embrasée. L'orbe de la lune, tout rouge, se levait, dans un horizon embrumé, d'une grandeur démesurée. Les troupeaux abattus sur les flancs des collines, le cou tendu vers le ciel, aspirant l'air, faisaient retentir les vallons de tristes mugissements. Le cafre même qui les conduisait se couchait sur la terre pour y trouver de la fraîcheur ; mais partout le sol était brûlant, et l'air étouffant retentissait du bourdonnement des insectes qui cherchaient à se désaltérer dans le sang des hommes et des animaux.

BERNARDIN DE SAINT-PIERRE, *Paul et Virginie* (1788).

Vous ferez de ce passage un commentaire composé que vous organiserez à votre gré, en évitant cependant toute démarche qui pourrait conduire à une explication au fil du texte. Vous pourrez par exemple, grâce à l'étude des correspondances et des oppositions dans la composition et les thèmes, montrer comment le trouble intérieur du personnage semble se refléter dans le décor naturel.

## ■ 3ᵉ sujet *

« Un roman est un miroir promené le long d'un chemin » ; « toute œuvre d'art est un beau mensonge »...

Comment concilier ces déclarations apparemment contradictoires de Stendhal ? En vous appuyant sur vos lectures, vous vous demanderez dans quelle mesure l'œuvre littéraire peut et doit refléter la réalité.

*(Première session 1986)*

# POLYNESIE FRANÇAISE

## Série A

■ 1ᵉʳ sujet

### VISAGE DE LA JEUNESSE FRANÇAISE

S'il est un pays où la jeunesse retient aujourd'hui l'attention des générations précédentes, c'est bien la France. De multiples enquêtes, colloques, reportages, conférences le prouvent : la société française s'interroge sur sa jeunesse...

Jeunes du monde moderne, la technique a pour eux une extrême importance et exerce une grande séduction. Cette séduction se marque de mille manières [...]

Les conséquences de l'attrait pour la technique sont multiples. Citons, d'abord, un refus du passé. « Je suis pour la modernisation à tous les points de vue », dit une jeune fille de dix-huit ans, et on peut méditer longtemps sur une telle phrase. Pour ces jeunes, le passé est mort. « Hitler, connais pas », comme dit le titre d'un film sur la jeunesse qui eut un certain succès. Seul l'avenir les intéresse. Et la politique française, dans la mesure où elle fait constamment référence aux querelles du passé, ne les passionne pas.

D'ailleurs, *avec le passé sont mortes les idéologies* : ces jeunes sont et se veulent réalistes. On peut le regretter, mais ils préfèrent les objets aux mots et aux idées.

Le phénomène des « idoles des jeunes », ces chanteurs qui obtiennent un tel succès de foule (Johnny Hallyday en France ou les Beatles en Grande-Bretagne), témoigne, lui aussi, que le passé est mort. Le passé, c'est le monde des héros. Les « idoles » sont des hommes du présent, qui ont réussi, avec lesquels un garçon de seize ans peut s'identifier. Et les « idoles » représentent en même temps cette part de rêve qui est nécessaire à tout homme, particulièrement à cette génération si terre à terre.

Mais ce monde technique, auquel adhèrent les jeunes, est

plutôt effrayant. « Massifié », rangé, organisé, il est quelque peu écrasant. Il ne laisse pas de place aux originaux ou aux rêveurs. Il ne facilite pas la naissance de grands sentiments et, quand on les éprouve, une certaine pudeur gêne leur manifestation. Ce monde technique explique en partie l'inquiétude des jeunes, et leur comportement apparemment inspiré par la recherche de la sécurité personnelle.

La sécurité ! Elle revêt à leurs yeux une importance considérable. On a ainsi interrogé une centaine de jeunes filles, presque toutes issues de la grande bourgeoisie parisienne, en leur demandant ce qu'elles attendaient surtout de la vie. Avec beaucoup de franchise, elles ont d'abord répondu... un mari. Mais elles ont ajouté aussitôt après : la sécurité.

Or, étant donné leur milieu social, il ne s'agissait pas pour elles de rechercher la sécurité matérielle. Leurs réponses traduisaient une inquiétude d'un autre ordre.

Dans tous les milieux, on retrouve cette préoccupation, à laquelle s'ajoutent souvent les soucis matériels. Elle explique l'importance de l'argent pour cette génération, argent conçu comme le moyen d'acquérir le confort, mais aussi comme un gage de sécurité. Les dernières enquêtes-sondages ont prouvé, à la grande surprise des adultes, qu'un jeune Français sur deux épargne, met « de l'argent de côté ». Et parmi ceux qui épargnent, cinquante pour cent (soit un quart du total) indiquent qu'ils agissent ainsi par précaution.

L'attrait du foyer, lui aussi, peut s'expliquer par cette recherche de la sécurité. Le mariage semble avoir plus de succès que jamais et c'est de leur foyer que les jeunes disent attendre les plus grandes satisfactions de leur vie. Mais si l'on poursuit *l'investigation* un peu plus loin, on s'aperçoit que, pour la plupart, le foyer ne représente pas d'abord l'aventure d'un couple, l'amour. Le foyer est surtout conçu comme un refuge, où l'on est deux à se serrer les coudes pour supporter plus aisément un monde inquiétant.

Les adolescents, ceux qui ne peuvent pas encore penser au mariage, recherchent ce refuge dans la « bande ». Le phénomène des bandes de jeunes qui se retrouvent ensemble pour leurs loisirs a pris une extension considérable, à la campagne comme à la ville. On aurait tort de le confondre avec le phénomène de la délinquance juvénile. Non. La bande, le groupe inorganisé, informel, est un phénomène typique de l'adolescence. Que recherche le jeune dans la bande ? Sortir de sa solitude et se rapprocher d'autrui, sans doute. Mais surtout, il y trouve le sentiment d'une puissance qu'il ne pourrait exercer seul. Il peut constater que ses sentiments, ses aspirations, son langage sont partagés par les autres. Cette convergence de sentiments, qu'il trouve dans la bande, le réconforte. En somme — et l'on n'insistera jamais assez sur ce fait — la bande apporte, mais elle n'exige rien en échange, elle ne demande pas d'effort, elle n'engage pas. L'amitié, elle, exige des efforts, elle engage. Mais les jeunes ont peu d'amis. Ils ont surtout des copains...

Jacques DUQUESNE, revue *Le Français dans le monde* (juin 1965).

**1.** Vous résumerez le texte en 180 mots. Une marge de 10 % en plus ou en moins est admise. Vous indiquerez à la fin de votre résumé le nombre de mots employés. *(8 points)*

**2.** Expliquez le sens dans le texte de l'expression et du mot en italique :
— « avec le passé sont mortes les idéologies »,
— « l'investigation ». *(2 points)*

**3.** Le portrait de la jeunesse tracé dans ce texte correspond-il à votre expérience de la jeunesse actuelle ? *(10 points)*

## ■ 2ᵉ sujet

### ALLER SIMPLE

Ce sera comme un arrêt brutal du train
Au beau milieu de la campagne un jour d'été
Des jeunes filles dans le wagon crieront
La carte jouée restera tournée sur le journal

Et puis le train repartira
Et le souvenir de cet arrêt s'effacera
Dans la mémoire de chacun
Mais ce soir-là
Ce sera comme un arrêt brutal du train
Dans la petite chambre qui n'est pas encore située
Derrière la lampe qui est une colonne de fumée
Et peut-être aussi dans le parage de ces mains
Qui ne sont pas déshabituées de ma présence
Rien ne subsistera du voyageur
Dans le filet troué des ultimes voyages
Pas la moindre allusion
Pas le moindre bagage
Le vent de la déroute aura tout emporté.

René-Guy CADOU, *Hélène ou le Règne végétal* (1947).

Vous ferez de ce poème un commentaire composé.
Vous pourrez, par exemple, montrer, en étudiant attentivement les moyens d'expression (temps des verbes, images, rythmes, etc.) comment le poète anticipe sa propre disparition.

### ■ 3ᵉ sujet *

L'intérêt et le plaisir que vous prenez à la lecture d'un récit[1] dépendent-ils pour vous de sa longueur ?

## AMERIQUE DU SUD

### ■ 1ᵉʳ sujet

Il paraît qu'en France, le budget annuel de la « sorcellerie » est d'environ trois cents milliards de francs. Cela vaut la peine de

---

1. Par « récit » vous entendrez ici une œuvre romanesque, une nouvelle, un conte, ...

jeter un coup d'œil sur la semaine astrologique d'un hebdomadaire comme *Elle,* par exemple. Contrairement à ce que l'on pourrait en attendre, on n'y trouve nul monde onirique [1], mais plutôt une description étroitement réaliste d'un milieu social précis, celui des lectrices du journal. Autrement dit, l'astrologie n'est nullement — du moins ici — ouverture du rêve, elle est pur miroir, pure institution de la réalité.

... Les astres ne postulent jamais un renversement de l'ordre, ils influencent à la petite semaine, respectueux du statut social et des horaires patronaux.

Ici, le « travail » est celui d'employées, de dactylos ou de vendeuses ; le microgroupe qui entoure la lectrice est à peu près fatalement celui du bureau ou du magasin. Les variations imposées, ou plutôt proposées par les astres... sont faibles, elles ne tendent jamais à bouleverser une vie : le poids du destin s'exerce uniquement sur le goût au travail, l'énervement ou l'aisance, l'assiduité ou le relâchement, les petits déplacements, les vagues promotions, les rapports d'aigreur ou de complicité avec les collègues et surtout la fatigue, les astres prescrivant avec beaucoup d'insistance et de sagesse de dormir plus, toujours plus.

Le foyer, lui, est dominé par des problèmes d'humeur, d'hostilité ou de confiance du milieu ; il s'agit bien souvent d'un foyer de femmes, où les rapports les plus importants sont ceux de la mère et de la fille. La maison petite-bourgeoise est ici fidèlement présente, avec les visites de la « famille », distincte d'ailleurs des « parents par alliance », que les étoiles ne paraissent pas tenir en très haute estime. Cet entourage semble à peu près exclusivement familial, il y a peu d'allusions aux amis, le monde petit-bourgeois est essentiellement constitué de parents et de collègues, il ne comporte pas de véritables crises relationnelles, seulement de petits affrontements d'humeur et de vanité. L'amour, c'est celui du Courrier du cœur ; c'est un « domaine » bien à part, celui des « affaires » sentimentales. Mais tout comme

---

1. Onirique : qui concerne les rêves.

la transaction commerciale, l'amour connaît ici des « débuts prometteurs », des « mécomptes » et de « mauvais choix ». Le malheur y est de faible amplitude : telle semaine, un cortège d'admirateurs moins nombreux, une indiscrétion, une jalousie sans fondement. Le ciel sentimental ne s'ouvre vraiment grand que devant la « solution tant souhaitée », le mariage : encore faut-il qu'il soit « assorti ».

Un seul trait idéalise tout ce petit monde astral, fort concret d'un autre côté, c'est qu'il n'y est jamais question d'argent. L'humanité astrologique roule sur son salaire mensuel : il y est ce qu'il est, on n'en parle jamais, puisqu'il permet la « vie ». Vie que les astres décrivent beaucoup plus qu'ils ne la prédisent ; l'avenir est rarement risqué, et la prédiction toujours neutralisée par le balancement des possibles : s'il y a des échecs, ils seront peu importants, s'il y a des visages rembrunis, votre belle humeur les déridera, des relations ennuyeuses, elles seront utiles, etc. ; et si votre état général doit s'améliorer, ce sera à la suite d'un traitement que vous aurez suivi, ou peut-être aussi grâce à l'absence de tout traitement *(sic)*.

Les astres sont moraux, ils acceptent de se laisser fléchir par la vertu : le courage, la patience, la bonne humeur, le contrôle de soi sont toujours requis face aux mécomptes timidement annoncés. Et le paradoxe, c'est que cet *univers du pur déterminisme* est tout de suite dompté par la liberté du caractère : l'astrologie est avant tout une école de volonté. Pourtant, même si les issues en sont de pure *mystification,* même si les problèmes de conduite y sont escamotés, elle reste institution du réel devant la conscience de ses lectrices : elle n'est pas voie d'évasion, mais évidence réaliste des conditions de vie de l'employée, de la vendeuse.

Roland BARTHES, *Mythologies* (1957).

**1.** Résumez le texte en 160 mots environ (une marge de plus ou moins 10 % est admise). Vous indiquerez, à la fin de votre résumé, le nombre exact de mots employés. *(8 points)*

**2.** Expliquez :
— « univers du pur déterminisme »,
— « mystification ». *(2 points)*

**3.** Quelles vous semblent être les causes profondes du succès des « horoscopes » dans de nombreuses revues ?
L'analyse qu'en fait R. Barthes vous paraît-elle justifiée ? *(10 points)*

## ■ 2ᵉ sujet

*Anne Desbaresdes, la femme d'un gros industriel, assiste à la leçon de piano de son fils.*

Le bruit de la mer s'éleva, sans bornes, dans le silence de l'enfant.
« Moderato ? »
L'enfant ouvrit la main, la déplaça et se gratta légèrement le mollet. Son geste fut désinvolte et peut-être la dame convint-elle de son innocence.
— Je ne sais pas, dit-il, après s'être gratté.
Les couleurs du couchant devinrent tout à coup si glorieuses que la blondeur de cet enfant s'en trouva modifiée.
— C'est facile, dit la dame un peu plus calmement.
Elle se moucha longuement.
— Quel enfant j'ai là, dit Anne Desbaresdes joyeusement, tout de même, mais quel enfant j'ai fait là, et comment se fait-il qu'il me soit venu avec cet entêtement-là...
La dame ne crut pas bon de relever tant d'orgueil.
— Ça veut dire, dit-elle à l'enfant — écrasée — pour la centième fois, ça veut dire modéré et chantant.
— Modéré et chantant, dit l'enfant, totalement en allé où ?
La dame se retourna.
— Ah, je vous jure.
— Terrible, affirma Anne Desbaresdes, en riant, têtu comme une chèvre, terrible.

— Recommence, dit la dame.
L'enfant ne recommença pas.
— Recommence, j'ai dit.
L'enfant ne bougea pas davantage. Le bruit de la mer dans le silence de son obstination se fit entendre de nouveau. Dans un dernier sursaut, le rose du ciel augmenta.
— Je ne veux pas apprendre le piano, dit l'enfant. »

Marguerite DURAS,<br>
*Moderato Cantabile* (1958), éditions 10/18.

Vous proposerez un commentaire composé de ce passage. Vous pourriez montrer, par exemple, comment apparaît la banalité du dialogue, l'ambiguïté des personnalités et combien le refus de l'enfant prend valeur de symbole.

## ■ 3ᵉ sujet

André Maurois écrivait :
« Le livre est un moyen de dépassement. Aucun homme n'a assez d'expériences personnelles pour bien comprendre les autres, ni pour bien se comprendre lui-même... Les livres nous apprennent que d'autres, plus grands que nous, ont souffert et cherché comme nous. Ils sont des portes ouvertes sur d'autres âmes et d'autres peuples. »

Vous direz ce que vous pensez de cette réflexion en vous référant à votre propre connaissance des œuvres littéraires.

*(Première session 1986)*

*Aubin Imprimeur*
LIGUGÉ, POITIERS

Photocomposition Imprimerie Bussière
Achevé d'imprimer en août 1987
N° d'impression L 29431
Dépôt légal, n° 5217 — Août 1987
Imprimé en France